Autoren zu Gast

Autoren zu Gast bei Albert von Schirnding

vorgestellt

in der Katholischen Akademie in Bayern

mit einem Vorwort von Michael Krüger

München 2012

Mandlstraße 23, 80802 München
ISBN 978-3-7846-1227-0 (Langewiesche-Brandt)
www.kath-akademie-bayern.de
Fotos: Katholische Akademie in Bayern
Satz und Bildreproduktion: Greiner & Reichel, Köln
Druck und Bindung: MB Verlagsdruck, Schrobenhausen
Printed in Germany

Wie es zu diesem Buch kam

In München eine neue Literaturreihe zu etablieren – so weit dachten wir gar nicht, als wir vor bald zehn Jahren in der Katholischen Akademie Bayern Überlegungen anstellten, zeitgenössische Autoren einem größeren Publikum vorzustellen. Und doch kam es so weit. Denn da war Albert von Schirnding.

Altgrieche der Seele nach, Lyriker, Essayist, Romancier, auch Kritiker, nicht zuletzt im Hauptberuf Pädagoge, Direktor der Abteilung Literatur in der Bayerischen Akademie der Schönen Künste sowie ordentliches Mitglied der Mainzer Akademie, ist er uns seit Jahrzehnten freundschaftlich verbunden.

Es bedurfte zunächst einer gewissen Überredungskunst, ihn zu bewegen, solchen Abenden das prägende Gesicht zu geben. Sein sich selbst zurücknehmendes Wesen hinderte ihn, sofort Ja zu sagen. Aber die geistige Nähe zu unserer Akademie und seine Leidenschaft für Literatur wischten dann doch die Bedenken vom Tisch.

Albert von Schirnding ist ein Glücksfall. In der Regel genügte ein kurzer Anruf mit dem Hinweis auf ihn, um Autoren zu gewinnen. Und wir haben ihm zu danken für die vielen neuen Teilnehmer, inmitten vieler alter Freunde der Akademie. Insgesamt dürften es an die zweitausend Teilnehmer an fünfzehn Abenden gewesen sein.

Nun war in diesem Jahr 2012 ein Jubiläum zu begehen: Vor fünfzig Jahren, am Michaelstag 1962, war das Kardinal Wendel Haus vom damaligen Münchner Erzbischof Julius Kardinal Döpfner eingeweiht worden. War das nicht Anlaß für ein Buch?

Und wäre nicht die kulturelle Akademiearbeit mit den Texten der Literaturreihe beispielhaft zu dokumentieren?

Was aber nützt eine Buch-Idee ohne Verleger? Kristof Wachinger-Langewiesche übernahm es, das Buch zu gestalten und den Druck zu begleiten. Dafür haben wir ihm sehr zu danken.

Ein nicht minder herzliches Dankeschön gilt Michael Krüger. Seine knappe briefliche Zusage «Ja, eine kleine Einführung mache ich gern» ist klassisch. Und daß er selber einmal kurz entschlossen in die Rolle des erkrankten Spiritus Rector geschlüpft ist, spricht Bände.

Ein letzter Dank muß dem «Verein der Freunde und Gönner der Katholischen Akademie in Bayern» und insbesondere dessen Vorsitzendem Prof. Dr. Willibald Folz gesagt werden. Ohne deren finanzielle Unterstützung wäre die Publikation nicht zu stemmen gewesen.

Vor längerer Zeit einmal hat Albert von Schirnding bei einem Vortrag (außerhalb unserer Akademie) geträumt, «man sollte den Rest des Lebens über wenigen alten Texten zubringen, nichts weiter». Und er träumte weiter, «ein Band wäre dabei, der 'Eröffnungen' hieße und Proömien, Prologe, Vorreden zu Werken der Weltliteratur enthielte: lauter Anfänge, die das Glück der Erkenntnis versprechen». Nun liegt ein Buch mit seinen eigenen 'Eröffnungen' vor. Es sind menschenfreundliche Hinführungen, die jenen Satz des Menander illustrieren, den Albert von Schirnding damals seinem Traum vorausgestellt hatte: «Was für ein erfreuliches Wesen ist der Mensch, wenn er ein Mensch ist.»

Florian Schuller

Albertus Magnus d. J.

Ein Vorwort von Michael Krüger

Die Dichter-Lesung ist ein bürgerliches Kind des Salons des 18. Jahrhunderts. War zu jener Zeit nur ein kleiner Kreis um die Dame des Hauses zugelassen, die ihrerseits alles daran setzte, die hellsten Köpfe ihrer Umgebung um sich zu versammeln – und eifersüchtig darauf achtete, daß diese sich nicht an einer anderen Tafel niederließen –, so ist die Dichterlesung jedem Interessierten zugänglich. Der Salon – zumal der im Paris des 18. Jahrhunderts, in dem die Philosophen und die Schriftsteller, die gescheiten Köpfe des Militärs und der Diplomatie, aber auch der Klerus verkehrte, der bei der Abendunterhaltung erfahren durfte, was in keinem Beichtstuhl auch nur angedeutet wurde – der Salon war in seiner großen Zeit vor der Revolution exklusiv, die Lesung ist eine demokratische Veranstaltung.

Jeder Autor, von Robert bis zu Martin Walser, von Hermann Lenz zu Siegfried Lenz, Thomas Mann bis zu Thomas Hürlimann, erinnert sich an Lesungen, weil er dort, oft nur dort, seine aufmerksamsten Leser gefunden hat. Gewiß, es gibt auch Korrespondenzen mit Lesern – emphatische Liebesbriefe, analytische Meisterleistungen und barsche Zurechtweisungen, deren Beantwortung meist viel Zeit erfordert und naturgemäß nicht immer erquicklich ist, aber das unmittelbare Gegenüber, den Blick Auge in Auge können sie nicht ersetzen. Und jeder Autor spürt natürlich, ob er sein Publikum erreicht, ergreift, begeistert – oder kalt läßt. Es kommt nicht auf die Zahl der Zuhörer an, sondern auf die Intensität der beim Lesen und beim Gespräch eingegangenen Beziehung. Manche Zuhörer haben sich eine Bibliothek des Ohrs eingerichtet, die länger in der Erinnerung bleibt als die einsame Lektüre, allein die Vergegenwärtigung der Situation ruft Sensationen herauf, die anders und nachhaltiger wirken als die Aufnahme der Schrift. Und wenn ein Autor besonders schlecht liest (oder sich schlecht benimmt), kann es passieren, daß seine Bücher für immer: aus der Erinnerungsbibliothek ausgesondert werden.

Es kommt also auf die Situation an.

Wer einmal Gast bei den Lesungen der Katholischen Akademie war, wird die Atmosphäre nicht mehr vergessen – nicht den gut gefüllten Saal und nicht die spürbare Erwartung, nicht den Blick auf die Rosen und den Rasen (über den im Sommer, unbeeindruckt von deutscher Poesie und Prosa, ein automatischer Rasenmäher seine Runden zieht), nicht die so wichtige Stimmung, aber eben vor allem nicht den Menschen, der neben dem Autor Platz nimmt, herzhaft das Wort ergreift, ihn kenntnisreich einführt, ihm die Angst nimmt, ihn durch den Abend führt und am Ende das letzte Wort zum Abschied hat: Albert von Schirnding.

Wer einmal erlebt hat, wie man solche Moderationen glanzlos verhauen kann, der weiß Albert von Schirnding noch mehr zu schätzen. Ich glaube, es liegt nicht nur an seiner immensen Bildung, die bei den von ihm gepflegten – das heißt gelesenen, übersetzten und verstandenen – antiken Autoren beginnt und über die Klassik bis in unsere unmittelbare Gegenwart führt; es liegt nicht nur an seinem kritischen Urteilsvermögen, das er in unzähligen Rezensionen und Essays unter Beweis gestellt hat; es liegt nicht nur an seiner jeden Hochmut zurückweisenden Freundlichkeit, die er auch als Lehrer in vielen Jahren erhärtet haben dürfte – es hängt wohl hauptsächlich damit zusammen, daß alle diese Personen, die ihn ausmachen, sich unter der Einsicht von der Notwendigkeit der Literatur versammelt haben.

Für Albert von Schirnding, das spürt man in jedem seiner Sätze, ist Literatur eben weder eine ausschließliche gelehrte Beschäftigung oder eine nur absichtslose Spielerei, sondern schiere Notwendigkeit, um den Menschen in seinem Glück und seiner Not verstehen zu können. Seine Hochachtung vor der Literatur ist ein Zeichen für seine Achtung vor dem Menschlichen.

Klingt das zu pathetisch? Aber wer die in diesem Band gesammelten funkelnden Essays aufmerksam liest, kann zu keinem anderen Ergebnis kommen; also soll es so stehenbleiben.

Ich selbst, das muß ich hier anfügen, habe Albert von Schirnding viel zu verdanken. Und da wir beide Mitglieder in dem exklusiven «Club der pullovertragenden Krawattenverweigerer» sind, hoffe ich auf viele weitere Begegnungen. Am liebsten aber würde ich dem Dichter Albert von Schirnding wieder einmal zuhören, warum nicht im Schloß Suresnes?

Kein Wort zuviel

Elazar Benyoëtz, 25. Oktober 2004

«Einführungen / sind ausführlich», lautet ein Aphorismus unseres Autors in seinem jüngsten Werk «Finden macht das Suchen leichter», dessen Erscheinen im Hanser Verlag wir das Zusammensein mit Elazar Benyoëtz heute abend vor allem verdanken. Ich will mich bemühen, nicht zu ausführlich zu werden.

Das ist auch deshalb möglich, weil meine Kenntnisse zur Lebensgeschichte unseres Gastes sich auf relativ wenige Daten und Fakten beschränken. Die Angaben, die ich da und dort fand, waren immer nur spärlich, und ich vermute, daß diese Lakonik auf den Wunsch des Autors zurückgeht, als empirische Person im Hintergrund zu bleiben. Ich bitte ihn also, mich zu korrigieren, allenfalls zu ergänzen, wenn ich Ihnen, liebe Zuhörer, das Wenige, das ich über seine Biographie weiß, verrate.

Elazar Benyoëtz wurde 1937 in Wiener Neustadt geboren und kam schon 1939 nach Palästina – ich glaube, nach Jerusalem. Er ging in hebräische Schulen, schrieb hebräische Gedichte; seit 1957 hatte er sieben hebräische Gedichtbände veröffentlicht, bevor er 1969 sein erstes deutsches Buch «Sahadutha», das teilweise noch auf hebräische Tagebuchnotizen zurückgeht, in Berlin publizierte. Der Zweiundzwanzigjährige hatte 1959 ein Rabbinerexamen abgelegt, von dem er aber, soviel ich weiß, keinen praktischen Gebrauch machte. Im Jahre 1964 war Benyoëtz im Rahmen des Programms «Artists in Residence» der Ford-Foundation nach Berlin gegangen, wo er fünf Jahre blieb, bis er 1969 nach Israel zurückkehrte. Seitdem lebt er als freier Schriftsteller in Jerusalem. In der in Deutschland verbrachten Zeit verfolgte Benyoëtz den Plan einer «Bibliographia Judaica», eines biobibliographischen Sammelwerks, das alle jüdisch-deutschen Schriftsteller erfassen sollte. Dieser Plan wurde mit Hilfe der Deutschen Forschungs-Gemeinschaft verwirklicht.

Der junge Elazar war in einem frühen Jahrgang der Neuen Rundschau auf einen Text von Annette Kolb gestoßen, und als er Jahre später in München hörte, die Verfasserin lebe noch, beschloß er, sie aufzusuchen. So kam es zu der Begegnung des Sechsundzwanzigjährigen mit der dreiundneunzigjährigen Schriftstellerin – eine Begegnung, aus der bald eine bis zum Tod von Annette Kolb im Dezember 1967 währende Freundschaft und schließlich ein Buch wurde: «Annette Kolb und Israel» (1970). In ihren zahlreichen Briefen an ihn, die mit der Anrede «Lieber Hebräer» beginnen, unterzeichnete Annette als «getreue christliche Schwester». Benyoëtz war maßgeblich beteiligt an der Israelreise der Siebenundneunzigjährigen im März 1967. Schon Jahre früher hatte eine ebenfalls sehr alte Dame mit Benyoëtz Freundschaft geschlossen: die in Zürich lebende jüdische Philosophin Margarete Susman; in sein Buch «Treffpunkt Scheideweg» von 1990 hat Benyoëtz Texte von beiden Autorinnen aufgenommen. Die Dritte in diesem Zauberflöten-Damenterzett – wenn ich den jungen Elazar einen Augenblick mit Tamino identifizieren darf – war Clara von Bodman, die Witwe des Dichters Emanuel von Bodman, die Benyoëtz 1966 im Zusammenhang mit seinem Quellenstudium zur «Bibliographia Judaica» besuchte. Der Briefwechsel zwischen Benyoëtz und Clara von Bodman liegt seit 1989 vor. Mir scheint dieser Brückenschlag zu herausragenden Angehörigen einer Generation, die durch den Nationalsozialismus in ihrem Verhältnis zu Deutschland aufs schwerste erschüttert wurde und auch in der jungen Bundesrepublik keinen rechten Ort fand (auch Benyoëtz' Freundschaft mit dem Philosophen Ulrich Sonnemann gehört in diesen Rahmen), für unseren Gast überaus charakteristisch zu sein. Keine Frage, daß das deutsch-jüdische Verhältnis ein wichtiges Element (eines unter anderen freilich!) im Werk dieses auf deutsch, also für deutsche Leser schreibenden jüdischen Dichters in Israel darstellt.

Von diesem Werk soll nun überblicksweise die kurze Rede

sein. Benyoëtz begann, wie gesagt, als hebräischer Lyriker. Aber in Deutschland erschienen seit 1969 ausschließlich Bände mit Aphorismen, wobei die Grenze zur Lyrik freilich fließend ist, namentlich in den späten Veröffentlichungen. Man kann aber sagen: Elazar Benyoëtz ist nach Karl Kraus und Elias Canetti der bedeutendste lebende Repräsentant des Aphorismus, dieser ein wenig außer Mode gekommenen Gattung, die gerade in Deutschland mit Lichtenberg und Seume, den frühen Romantikern Schlegel und Novalis, mit Nietzsche und Schopenhauer, der Österreicherin Marie von Ebner-Eschenbach eine eindrucksvolle Ahnengalerie aufweist. Die andere Abstammungsreihe ist die der jüdischen Tradition. Auch im neuen Buch werden Sprüche wiederholt dem Verfasser des Buches Koheleth aus dem, was wir «Altes Testament» nennen, in den Mund gelegt. Sie kennen vielleicht auch die «Unfrisierten Gedanken» des 1966 verstorbenen polnischen Autors Stanislaw Jerzy Lec, gewissermaßen eines um eine Generation älteren Bruders unseres Autors. «Der Aphorismus galt als tot», schreibt Benyoëtz in einem Brief an einen Studenten; «daß er ins Bewußtsein gerufen wurde, ist, wie mir scheint, einem einzigen Schriftsteller – Canetti und seinen ersten Aufzeichnungen – und einem Politiker – Brandt und seiner Ostpolitik – zu verdanken, in deren Folge Lec importiert und wirksam werden konnte. Da hatte Deutschland endlich seinen Polen und den Mut zu einem etwas raffinierteren politischen Witz. Dank Canetti erfolgte die Rückbesinnung auf Karl Kraus und dann auch immer mehr auf den totgesagten Aphorismus.»

Nun, ich erinnere mich noch deutlich an mein Entzücken über die schmalen kleinformatigen Büchlein von Lec, die von Karl Dedecius übersetzten «Unfrisierten Gedanken» und «Neuen unfrisierten Gedanken», die 1959 und 1964 im Carl Hanser Verlag erschienen. Ebenfalls im Hanser Verlag und in einem ganz ähnlichen Format kamen dann ab 1973 die Aphorismen von Elazar Benyoëtz «Einsprüche», «Einsätze», «Eingeholt» mit dem Untertitel «Neue Einsätze» und «Vielleicht – Vielschwer» heraus. Ich weiß nicht, warum dann weitere Bände in einem viel kleineren Verlag, gewissermaßen unter Ausschluß der Öffentlichkeit, erschienen, bis 1990 der Band «Treffpunkt Scheideweg» wieder bei Hanser verlegt wurde, dem die Sammlungen «Brüderlichkeit», «Variationen über ein verlorenes Thema», «Die Zukunft sitzt uns im Nacken» und in diesem Jahr das relativ umfangreiche Buch «Finden macht das Suchen leichter» folgten.

Was ist ein Aphorismus? Benyoëtz äußert sich immer wieder aphoristisch über den Aphorismus. Ich will mich hier auf wenige Kostproben beschränken: «Ein guter Aphorismus», schreibt er, «ist von erschöpfender, ein schlechter von ermüdender Kürze.» Nun, Benyoëtz' Aphorismen sind allesamt von erschöpfender Kürze, wie ich Ihnen, falls Sie noch nicht mit seinem Werk vertraut sein sollten, versichern kann. Sie gehören gewiß zu den kürzesten der Gattungsgeschichte. «Ein Wort zuviel – schon ist die Sache der Sprache verloren», liest man bei ihm, oder: «Kürze – Klarheit; Länge – Erklärung.» «Mag es mit dem Aphorismus als literarischer Form vorbei sein, der Ein-Satz ist für mich die einzige zeitgemäße Ausdrucksform», heißt es in dem schon vorhin zitierten Brief.

Das war sie wohl auch für Stanislaw Jerzy Lec. Der wesentliche Unterschied ist freilich, daß Lecs Aphorismen übersetzt wurden und übersetzbar waren, während die von Benyoëtz deutsch geschrieben und – zumindest teilweise – unübersetzbar sind, weil sie aus der deutschen Sprache geschöpft sind, mit dieser Sprache ihr souveränes und zugleich dankbares, ja demütiges Spiel treiben. Schon die Titel der meisten Bücher von Benyoëtz belegen das. Bei «Einsätze» denken wir an den Einsatz zum Beispiel eines Musikstücks, an das Engagement, mit dem einer sich für etwas einsetzt, an den Einsatz bei einem Glücksspiel und an die einen einzigen Satz nicht überschreitende Länge der Aphorismen. «Fraglicht» gibt die Fraglichkeit der Sentenzen und der Themen, auf die sie sich beziehen, zu verstehen, läßt aber auch das Licht aufleuchten, in dem sie als befragte erscheinen. «Filigranit» verknüpft die Filigranarbeit eines Gold- und Silberschmieds mit dem härtesten Gestein. Ein Titel lautet in unüberbietbarer Wortsynthese «Paradiesseits». Alles unübersetzbar! Im Februar 1988 war ich dabei, als Elazar Benyoëtz in der Bayerischen Akademie der Schönen Künste den Chamisso-Preis erhielt. «Es freuen sich beide Sprachen in mir», sagte er in seiner Dankrede. Der Preis wird ja für Beiträge zur deutschen Literatur von Autoren nichtdeutscher Muttersprache verliehen. Er konnte keinen Autor, der es mehr verdient hätte, finden. «Finden macht das Suchen leichter»: Für mich begann damals erst die eigentliche Suche nach Elazar Benyoëtz in seinem Werk, und sie wird noch lange nicht beendet sein...

Abschließend möchte ich einstweilen nur noch sagen, daß der neue Band sich von den früheren Publikationen formal – aber das Formale ist natürlich nicht vom Inhaltlichen zu trennen – deutlich unterscheidet. Benyoëtz wendet hier durchgängig ein Verfahren an, das wir, soviel ich weiß, zum ersten Mal im Band «Filigranit» von 1992 beobachten können: Die Zeilen sind nicht linksbündig, sondern zentriert gesetzt; damit ist das häufige Auftreten des Zeilensprungs oder

-bruchs gegeben. Manchmal steht über der Seite ein kursiv gesetzter Text, z.B. *Brennende Probleme / werden gelöscht.* Der Verdacht liegt nahe, daß er in der Funktion einer Überschrift die folgenden Aphorismen inhaltlich miteinander verbindet. Aber ein solcher Zusammenhang gibt sich nicht immer zu erkennen – zumindest nicht auf Anhieb. Hellhörigkeit auf Seiten des Auditoriums ist gefragt.

Blicke hinter Kulissen

Petra Morsbach, 19. April 2005

Wir sind hier im Schlößchen Suresnes an einem Ort, der künstlerisch imprägniert ist. Die Katholische Akademie ist ein Ort des freien Worts und der freien Begegnung. Auch Petra Morsbach, deren letzter Roman «Gottesdiener», aus dem sie lesen wird, in der Welt katholischer Priester spielt und heikle Themen in diesem Zusammenhang nicht ausspart, darf sich hier, glaube ich, zuhause fühlen. Sie und ich brauchen kein Blatt vor den Mund zu nehmen.

Petra Morsbach wurde 1956 als Tochter eines Patentanwalts in Zürich geboren und wuchs am Starnberger See auf. Sie studierte an der hiesigen Universität Slawistik, Theaterwissenschaft und Psychologie. Anfang der 1980er Jahre ging sie für ein Jahr nach Leningrad an das dortige Institut für Theater, Musik und Film. Nach ihrer Promotion über Isaak Babel arbeitete sie zehn Jahre lang, von 1983 bis 1993, als Regieassistentin, Dramaturgin und freie Regisseurin an mehreren mittelgroßen deutschen Theatern.

Als Schriftstellerin debütierte sie 1995 – relativ spät also – mit dem 650 Seiten umfassenden Roman «Plötzlich ist es Abend», der den Lebens- und Leidensweg einer russischen Frau zwischen 1950 und 1990 erzählt und dabei die Geschichte einer ganzen Epoche Rußlands, von Stalin bis Jelzin, spiegelt. Der Stoff hat mich angesprungen, sagt Petra Morsbach. Lusja, die Heldin des Romans, verkörpert den Mythos Rußland in frappierend authentischer Weise. Die Verfasserin wirft nicht, wie man eigentlich erwarten würde, von außen den Blick auf ein fremdes Leben, eine fremde Kultur. Sie schreibt vielmehr eine Art russisches Epos. Sie hat die Sprache gelernt und kennt die russische Literatur. Das Buch enthält unzählige Details, die sich ein Schriftsteller nur durch gründlichstes Recherchieren aneignen kann. Es bleibt jedoch keineswegs in der Reportage stecken. Petra Morsbach hat viel zu erzählen, aber sie kann auch erzählen. Der große epische Bogen wird von Anfang bis Ende gewahrt.

Auch die folgenden drei Bücher sind geprägt von der doppelten Fähigkeit der Autorin, sich kundig zu machen und sich einzufühlen, wodurch jene rare Synthese aus Objektivem und Subjektivem zustande kommt, die den Namen Roman verdient. Und während manche Dichter, wenn sie einmal ihren

Stoff gefunden zu haben glauben, ihr Leben lang Variationen desselben Themas hervorbringen, begibt sich Petra Morsbach mit jedem neuen Buch auf ein ganz neues Terrain. Dazu gehört die Bereitschaft, sich immer wieder auf eine fremde Wirklichkeit einzulassen, was nicht nur Mut und unendlichen Fleiß, sondern auch ein Absehen von der eigenen Person erfordert. Sie ist das Gegenteil einer introvertierten Schriftstellerin, die Nabelschau betriebe.

In ihrem «Opernroman» von 1998 verarbeitet Petra Morsbach Erfahrungen ihrer zehnjährigen Theaterpraxis. Der Blick hinter die Kulissen eröffnet eine faszinierende Welt, die den Leser ebenso am Zustandekommen von Inszenierungen – des «Tristan», des «Figaro», des «Fidelio», der «Fledermaus» – teilnehmen läßt, wie an den oft desillusionierenden Vorgängen jenseits des Bühnenlichts.

Der dritte Roman, «Die Geschichte mit Pferden», 2001 erschienen, spielt auf einem schleswig-holsteinischen Reiterhof, der freilich nur die Szenerie bietet für die Tagebuch schreibende und dabei ihr Leben rekapitulierende Ich-Erzählerin – sie hat gar nichts mit der Autorin zu tun –, die ihre letzten Arbeitsjahre auf diesem Reiterhof als Köchin verbringt. In mancher Hinsicht ist diese «Geschichte mit Pferden» ein Gegenstück zum russischen Roman, denn in der Biographie von Nele Hassel, wie die Heldin heißt, spiegelt sich die Geschichte der Bundesrepublik von der frühen Nachkriegszeit bis zur Jahrtausendwende.

Der schon erwähnte jüngste Roman der Autorin, «Gottesdiener» – als Plural gedacht –, von 2004 porträtiert einen katholischen Pfarrer, der in einem niederbayerischen Dorf über Jahrzehnte ein alltägliches, aber gerade in seiner Alltäglichkeit mit allen Problemen dieser Daseinsform konfrontiertes Priesterleben führt. Es ist wieder eine Geschichte mit vielen Verzweigungen und Rückblenden, kunstvoll in das laufende Geschehen eingelegten Intarsien. Jeder billige Effekt, vielleicht naheliegende billige Effekt, bei der Auseinandersetzung mit der Kirche, dem Glauben, dem Zölibat und der Mentalität bayerischer Dorfbewohner wird vermieden. Im Grunde geht es um das Problem der Autorität in unserer Zeit. Die Leute in dem fiktionalen Dorf Bodering brauchen nach wie vor den Geistlichen als Vertreter und Gewährsmann einer anderen, höheren Welt. Aber derjenige, der die Rolle des Gottesmannes, also des Vorbilds, des Ratgebers und Helfers spielen soll, ist seinerseits ein Mensch mit sehr menschlichen Wünschen, Sorgen und Zweifeln.

Ich habe jede Zeile des Werks von Petra Morsbach gelesen und mich keinen Augenblick gelangweilt.

Widerstand und Trauer

Uwe Timm, 21. November 2005

«Der Freund und der Fremde» lautet der Titel des jüngsten Buches von Uwe Timm, den heute abend hier im literarisch vorbelasteten Schlößchen Suresnes zu begrüßen für mich eine aufrichtige Freude ist. Der «Freund» bezieht sich auf den im Juni 1967 im Zusammenhang mit dem Schah-Besuch von einem Polizisten in Berlin erschossenen Benno Ohnesorg, der «Fremde» auf eine Erzählung von Albert Camus, über den Uwe Timm damals, also 1967, in Paris eine Dissertation schrieb. Ich werde darauf zurückkommen. Aber ich will die beiden Wörter für einen Augenblick aus diesem Bezugssystem lösen: Als Freund und als Fremder, könnte ich mir denken, ist der Autor hierher in die Katholische Akademie gekommen, und als Freund und als Fremden empfinde ich ihn selbst.

Ich kenne ihn seit Jahren, schätze den Menschen, liebe seine Bücher, habe meine Favoriten unter ihnen, und gehöre doch nicht zu jenem beneidenswert großen und zugleich intimen Kreis von Freunden, die ihm, zweifellos einem Genie der Freundschaft, zum Beispiel in einem anläßlich seines 65. Geburtstags am 30. März dieses Jahres von seinem ihm sehr verbundenen Verlag Kiepenheuer & Witsch herausgegebenen Band, betitelt «Der schöne Überfluß», mit klugen Analysen seines Werks oder auch nur einem Albumblatt eine höchst eindrucksvolle Hommage darbringen. Alle Beiträge sind, auch wenn sie den Ton wissenschaftlicher Abhandlungen anschlagen, im Grunde Liebeserklärungen. Nun, vielleicht wird der Überfluß noch schöner, wenn auch der Fernerstehende heute abend die Gelegenheit hat, dem Schriftsteller Uwe Timm seine Zuneigung zu zeigen.

Freund und Fremder, sagte ich, ist Uwe Timm auch im Verhältnis zum Ort des heute abend stattfindenden Geschehens. Man könnte ja annehmen, daß eine Katholische Akademie, wenn sie hocherfreulicherweise überhaupt der Literatur einen Platz in ihrem Programm einräumt, betont christliche, gar katholische Dichter einlädt. Wobei sich freilich sofort die Frage erhebt, ob es so etwas heutzutage noch gibt oder ob Namen wie Gertrud von le Fort, Werner Bergengruen, Reinhold Schneider einer Zeit angehören, die keine Fortsetzung gefunden hat. Aber selbst wenn es den im christlichen Glauben verwurzelten, aus seiner Fülle, seiner Zeitentiefe, seiner Weisheit schreibenden Autor derzeit noch geben sollte, bestünde der Sinn dieser Veranstaltungsreihe nicht im Kreisen um die eigene Mitte. Nicht hier! Denn hier herrschen Offenheit, Weite, eine Haltung, die man als Willen zur Freundschaft mit dem Fremden bezeichnen könnte.

Fremde stellt man vor, Freunde macht man miteinander bekannt. Ich will Ihnen, meine Damen und Herren, Uwe Timm kurz vorstellen, um Sie mit ihm, soweit sie nicht schon längst mit seinem Werk vertraut sind, bekannt zu machen.

Die Schriftstellerei ist ihm nicht an der Wiege gesungen worden: Am 30. März 1940 als Sohn eines Kürschners in Hamburg geboren, mußte der Achtzehnjährige, der eine Kürschnerlehre absolviert hatte, nach dem plötzlichen Tod des Vaters das finanziell gefährdete Pelzgeschäft übernehmen. Erst als er es nach drei Jahren entschuldet hatte, konnte er von 1961 bis 1963 am damals mit elitärem Anspruch geleiteten Braunschweig-Kolleg das Abitur nachholen. Unter den Kollegiaten war Benno Ohnesorg, der bald zum Freund wurde. Nach dem Abitur trennten sich die Wege: Ohnesorg ging zum Studium nach Berlin, Timm nach München, wo er Germanistik und Philosophie studierte. Um seine Dissertation über «Das Problem der Absurdität bei Camus» zu schreiben, aber auch um, wie er sagt, dem Stillstand in München zu entkommen, «der Gewohnheit, der Festschreibung, dem Eingeschliffenen, der Ermüdung im Studium, der Gleichgültigkeit gegenüber Künftigem» – das war die Atmosphäre in der ersten Hälfte der sechziger Jahre, jener Zeit der Ruhe vor dem Sturm –, wechselte er 1966 nach Paris, wo ihn Anfang Juni 1967 die Nachricht von der Tötung Benno Ohnesorgs erreichte. Das Ereignis erwies sich als Zündfunke in einer schon lange hochgradig brandgefährdeten Anhäufung von Unbehagen, Unwillen, Veränderungsverlangen – nicht nur im öffentlichen Leben, sondern auch im ganz persönlichen Leben von Uwe Timm. Bei seiner Rückkehr nach München, im Herbst 1967, fand er alles verändert vor: «die Freunde, die Mitstudenten in einem tätigen Aufruhr, in einer Aktivität voller Zorn, getragen von dem Entschluß zur Tat: Diskussionen, das Schreiben von Flugblättern, das Sammeln von Wirtschaftsdaten, Statistiken, die Vorbereitung von Diskussionen und Demonstrationen.» Uwe Timm zerriß die in Paris geschriebene Fassung seiner Doktorarbeit über Camus; «ich war befreit und bereit zur Tat». Aus den Brechungen und Verstörungen dieses Tatwillens kam es zu einem Studium der Soziologie und Volkswirtschaft (in München), einer Neufassung der Camus-Dissertation, vor allem aber zur Geburt des Schriftstellers Uwe Timm. «Heißer Sommer» hieß der Roman, der 1974 in der von seinem Verfasser mitbegründeten «AutorenEdition» erschien.

Das Buch ist eines der ersten literarischen Erzeugnisse und authentischen Zeugnisse der Studentenrevolution, wobei das Attribut «literarisch» besonders zu betonen ist. Der schmale Weg zwischen Autobiographie und dokumentarischem Bericht auf der einen Seite, spannender und durchaus unterhaltsamer Erzählung auf der andern wird schon von dem dreißigjährigen Autor ohne Stolperschritte zurückgelegt. Wie viel Autobiographie in der Geschichte des Münchner Studenten Ulrich Krause steckt, macht die Lektüre von «Der Freund und der Fremde» erst ganz sichtbar. Auch in «Heißer Sommer» bildet die Erschießung von Benno Ohnesorg das revolutionäre Schlüsselerlebnis für den bis dato ziemlich ziel- und lustlos dahinlebenden Germanistikstudenten Krause. Die Phase der revolutionären Aktivität und erfüllenden Solidarität mit den Genossen wird abgelöst von einer dritten Entwicklungsstufe: dem Versuch, in deutlicher Distanz zum Dogmatismus, in dem der Aufbruch von 1968 mehr und mehr erstarrte, sozusagen in einer persönlich-praktischen Politik der kleinen Schritte (Ulrich Krause will Grundschullehrer werden) die Welt menschenfreundlicher zu machen. Dieses Programm ist mit dem Schlagwort des «langen Wegs durch die Institutionen» nur unzureichend charakterisiert. Es geht vielmehr darum, den Weg zum Ziel so zu gestalten, daß das angestrebte Gute: eine Welt ohne Ausbeutung und Unterdrückung, nicht erst am Ende steht, sondern schon im Nahhorizont täglicher Praxis, wenn auch nur teilweise und vorläufig, verwirklicht wird.

Uwe Timm ist nicht Lehrer, sondern Schriftsteller geworden. Aber der von Krause eingeschlagene Weg läßt sich auf Uwe Timms Poetik übertragen: Literatur soll nicht nur im aufklärenden Sinne belehren, im falschen das richtige Leben vorbereiten, sondern schon jetzt, schon hier dieses richtige Leben vorwegnehmen, und das heißt: Sie soll auch lustvoll und Lust erzeugend von einem Alltag erzählen, der das Gelungene bereits enthält, wie es am allerschönsten in der Erzählung «Die Entdeckung der Currywurst» am Beispiel der Lena Brücker vorgeführt wird, einem Werk, dem ich keinen Augenblick zögere das Etikett «genial» zu verpassen.

Freilich, von voreiliger Versöhnung mit einer Wirklichkeit, die unserem bescheidensten Glücksverlangen so viel schuldig bleibt – und eben nicht nur infolge der Not des Irdischen, sondern zu erheblichen Teilen durch menschliche, also abschaffbare Schuld –, kann bei Uwe Timm nicht die Rede sein. Die literarische Auseinandersetzung mit der Protestbewegung ist mit dem Roman «Heißer Sommer» noch lange nicht abgeschlossen. Der Roman «Kerbels Flucht» von 1980 handelt von einem der unter die Räder dieser Bewegung Gekommenen, wie Timms Werk sich überhaupt immer wieder den Opfern zuwendet, die auf diese Weise eine Art Märtyrerstatus gewinnen: die beiden biographischen Vorbilder sind der sechzehn Jahre ältere, mit neunzehn Jahren 1943 in Rußland gefallene Bruder und der Freund Benno Ohnesorg.

Eine einigermaßen grobe, aber die Orientierung in der an mannigfaltigen Formationen überaus reichen Werklandschaft dieses Autors erleichternde Einteilung seiner Bücher könnte zwei Rubriken unterscheiden: Während die eine von den Subjekten des Protestes bestimmt ist, hat es die andere mit seinen sachlichen Objekten zu tun. Uwe Timms «Römische Aufzeichnungen», ursprünglich (1989) unter dem Titel «Vogel, friß die Feige nicht», kann man wie die «Johannisnacht» von 1996 und den großen Roman «Rot» von 2001 der ersten Reihe zurechnen, während die Erzählungen, die das in der Protestbewegung aufgebrochene kritische Potential auf bestimmte im Argen liegende Segmente unserer Lebenswirklichkeit anwenden, der zweiten Rubrik angehören: die Romane «Morenga» (1978), «Der Mann auf dem Hochrad» (1984), «Der Schlangenbaum» (1986) und «Kopfjäger» (1989). Hier geht es, wieder sehr verkürzt gesagt, um das Ausland, das Aus-Land, in dem wir im Zustand der Selbstentfremdung leben – Ausland wie Elend. Zum Beispiel um eine Welt, die den Kolonialismus hervorbrachte und guten europäischen Gewissens Aufstände gegen die Unterdrückung niederschlug, oder eine Welt, die mit Militärdiktaturen in Südamerika ihre Geschäfte macht, oder um Territorien, die ein gnadenloser technischer Fortschritt zur Wüste verwandelt hat.

Mit «Rot» greift Uwe Timm sein eigenstes Thema wieder auf: das Lied vom Sinn und Widersinn, von den Möglichkeiten und Unmöglichkeiten, von den Hoffnungen und vom Scheitern einer vom Gefühl der Empörung getriebenen Strategie des Widerstands, der sich nach wie vor an dem Brechtschen Motto orientiert: «Ändere die Welt: sie braucht es!» Das Buch ist ein Tribunal, in dem Gerichtstag über die Widerstandsbewegung gehalten wird, vor allem über die Haltung des mit seinem Autor nah verwandten Icherzählers. Eines postrevolutionären Tages hat Thomas Linde sein kommunistisches Parteibuch einfach nicht erneuert. Aschenberger ist die Gegenfigur. Er ist, weil er als konsequenter Pazifist auch gegen die Volksarmee und den Schießbefehl Stellung nahm, aus der Partei ausgeschlossen worden, was ihn nicht hinderte, sich weiterhin solidarisch zu verhalten. Seine Exemplare der Werke von Marx, Gramsci, Bloch, Adorno, Herbert Marcuse sind nicht auf der Müllhalde gelandet, wo heute die Utopien begraben liegen. Freilich sein Plan, die Siegessäule am Tag, an dem Berlin wieder deutsche Hauptstadt wird, in die Luft zu sprengen, das Symbol einer militanten Kontinuität, einer Kontinuität des Militanten, macht ihn zu einem Don Quijote der Revolution. Es bleibt beim Vorsatz, weil der Mann vor der Ausführung seiner Tat stirbt. Der Icherzähler, der als Beerdigungsunternehmer sein Geld verdient, an Gräbern, wo kein Geistlicher den Toten begleitet, keine religiösen Tröstungen gespendet werden, soll, so Aschenbergers letzter Wille, dem einstigen Genossen die Trauerrede halten. Auch in diesem Fall bleibt es bei der Absicht; Thomas Linde kommt durch einen banalen Verkehrsunfall – er geht bei Rot (!) über eine Kreuzung – noch vor Aschenbergers Beerdigung ums Leben. An die Stelle der ungehaltenen Grabrede tritt Uwe Timms Roman. Ein Rückblick, ein Resümee, eine Rechenschaft.

Es gibt zu denken, daß der Autor erst in seinen beiden letzten Büchern unverhüllt autobiographisch auftritt, wobei die eigene Lebensgeschichte jeweils mit dem Leben und Tod eines anderen verknüpft ist. Es sind Recherchen auf der Spur von Bluts- und Seelenbrüdern, die zugleich in die *terra incognita* der eigenen Vergangenheit fuhren. Was mich bei der Lektüre der zuletzt veröffentlichten Erzählung besonders berührt hat, ist das Element der Trauer, das zwischen den Zeilen spürbar wird und die skizzenhaft aneinandergereihten Erinnerungsfragmente zusammenhält. Das hat nichts mit der sogenannten «Trauerarbeit» zu tun, die ja gerade darauf ausgeht, den Verlust eines nahestehenden Menschen zu verschmerzen. Hier wird der Schmerz in der Trauer bewahrt.

Dem Ruhm nicht zum Opfer gefallen

Claudio Magris, 4. Mai 2006

Ich begrüße Claudio Magris aus Triest, den Verfasser einer fast unübersehbar großen Zahl von wissenschaftlichen, essayistischen, erzählenden Büchern (wobei die Grenzen der Schreibweisen nicht *zwischen* den Büchern, sondern *in* ihnen verlaufen, und es sind fließende Grenzen). Claudio Magris ist berühmt. Wie andere Schmetterlinge sammeln, heimst er Ehrendoktorhüte, Mitgliedschaften von Akademien, Preise ein, es sind schwindelerregend viele. Nein, er heimst sie nicht ein, sie fallen ihm zu. Er jagt nicht nach Ehre und Ruhm; er ist gar nicht der Typ eines Jägers. Auf dem Wiener Zentralfriedhof begleitete er einst den Mann, der von der Wiener Stadtverwaltung mit dem Zwangsabschuß des die Bepflanzung der Gräber bedrohenden Wildes beauftragt war. Diesem Herrn Baumgartner stellt der Verfasser des «Donau»-Buches das rühmliche Zeugnis aus, kein Jagdbesessener zu sein, nicht jene «dümmliche Lust am Töten» zu zeigen, die das Leben all dessen, was sich bewegt, stört, Lärm macht, beenden will, und auch nicht den eigenen Trieb aufzuwerten mit der Philosophie eines ursprünglichen Einsseins von Jäger und Opfertier. Hier spricht wie an unzähligen anderen Stellen in seinen Büchern der entschiedene Gegner von Gewaltanwendung und Krieg, spricht der Verteidiger von Vernunft und Aufklärung, der Mann der Grenze, der weiß, daß «die einzige Möglichkeit, die tödliche Macht der Grenzen zu neutralisieren» darin besteht, «sich immer auch auf der anderen Seite zu fühlen».

Also brauchen Sie, meine Damen und Herren, brauche auch ich keine Angst zu haben vor dem großen Namen dessen, der heute Abend in das kleine Schloß Suresnes in München-Schwabing gekommen ist. Ich bin von seiner Unbestechlichkeit überzeugt, von seiner Immunität gegenüber den Auszeichnungen, mit denen eine dankbare Welt ihn überhäuft hat. Einige davon muß ich nennen, um diesen Aspekt der Existenz von Claudio Magris nicht einfach zu unterschlagen. Man hat ihn – ich rede nicht von Italien, Österreich, Frankreich – in fünf deutsche Akademien gewählt, darunter die Bayerische Akademie der Schönen Künste, die Deutsche Akademie für Sprache und Dichtung, die Berliner Akademie der Künste, die Akademie der Wissenschaften und der Literatur in Mainz. Und er erhielt beispielsweise den Premio Strega, den wichtigsten italienischen Literaturpreis, den Würthpreis für Europäische Literatur, den Erasmuspreis, den Leipziger Buchpreis für europäische Verständigung. Allein innerhalb eines einzigen Jahres, 1999, wurde Magris, wenn ich mich nicht verzählt habe, mit neun Preisen bedacht. In diesem Sommer wird ihm im Rahmen der Salzburger Festspiele der Österreichische Staatspreis für Literatur verliehen.

Genug davon! Claudio Magris ist ein zu höflicher Mensch, um sympathische kulturelle Institutionen durch die Ablehnung ihm geltender freundlicher Gesten zu brüskieren. Aber er misst solchen Ehrungen eine sekundäre und ephemere Bedeutung bei. Woher ich das weiß? Aus seinen Büchern! Nun ist mir freilich bewußt, daß zwischen dem ge- oder beschriebenen Ich, dem schreibenden Ich und dem empirischen Ich eines Schriftstellers oft Welten liegen. Ich würde den jugendlichen Helden eines vielbändigen Romans, dessen Verfasser sich auf der Suche nach der verlorenen Zeit befindet, sehr gern nach Combray oder Balbec begleiten, ich würde mich wahrscheinlich gut mit ihm verstehen. Auch dem schreibenden Marcel über die Schulter zu sehen, könnte mich reizen. Eine Einladung von Marcel Proust, mit ihm in seiner Pariser Wohnung eine Tasse Tee zu trinken, brächte mich dagegen in einige Verlegenheit. Auf die Dreifaltigkeit des Ichs von Claudio Magris treffen solche Widersprüche nicht zu, weil die reale, die schreibende und die aus Worten zusammengefügte Person gegeneinander offen sind und sich wechselseitig durchdringen. So kann er über sein erstes, aus der Dissertation entwickeltes Buch «Der Habsburgische Mythos in der österreichischen Literatur», das er mit vierundzwanzig Jahren publizierte, sagen, daß aus ihm nicht nur seine späteren Bücher entstanden sind, sondern vielleicht sogar seine Existenz hervorgegangen ist. Eine Existenz, die sich nicht hochmütig oder überempfindlich vor seinen Mitmenschen verschließt – in ein aus Lärmschutzgründen mit Kork ausgekleidetes Schlaf- und Arbeitszimmer, wie das von Proust, oder in die Abgeschiedenheit einer Bibliothek. Magris, ein unermüdlich Reisender, schreibt *unterwegs*. Wenn er zuhause ist, in seiner Geburtsstadt Triest, in seiner zweiten Heimat Turin, in seiner dritten Heimat Wien, arbeitet er mit Vorliebe im Café, namentlich im Café San Marco zu Triest, dem er das erste Kapitel seines 1997 erschienenen Buches «Microcosmi» gewidmet hat. Eine sich gegen die Mitmenschen gelegentlich versteifende Würde ist Sache derer, die eher einen oder den *Makrokosmos* zum Gegenstand ihrer Schreibkunst machen.

Um an einem großen Gegenbeispiel zu demonstrieren, wie unangefochten, wie unanfechtbar durch Lorbeerkränze mir unser hochberühmter Gast, *poeta plurime laureatus*, erscheint, erinnere ich an die unter zahllosen ähnlich verlaufenen Besuchen am Weimarer Frauenplan paradigmatische Begegnung Grillparzers mit dem Herrn Geheimrat im September 1826: «Schwarzgekleidet, den Ordensstern auf der Brust, gerader, beinahe steifer Haltung, trat er unter uns wie ein Audienz gebender Monarch. [...] Ich gestehe, daß ich mit einer höchst unangenehmen Empfindung in mein Gasthaus zurückkehrte. [...] das Ideal meiner Jugend, den Dichter des Faust, Clavigo und Egmont, als steifen Minister zu sehen, der seinen Gästen den Tee gesegnete, ließ mich aus all meinen Himmeln herabfallen.» Thomas Manns «Lotte in Weimar» ist unter anderem auch die wunderbare epische Paraphrase eher dieser Begegnung als des historischen Besuchs von Charlotte Kestner in Weimar zehn Jahre früher. Es ist die Geschichte einer Enttäuschung durch einen Großen, Bewunderten, Geliebten. Das Schlußkapitel, in dem die zunächst enttäuschte Erwartung dann doch noch eine Art Erfüllung findet, kann seinen Wunschtraum-Charakter nicht ganz abstreifen.

Für mich besteht kein Zweifel, daß Claudio Magris' Sympathie auf Seiten Grillparzers ist, der vielleicht reinsten Inkarnation des «habsburgischen Mythos in der österreichischen Literatur». Bei aller Bewunderung ist ein kleiner Vorbehalt gegen die marmorn klassische Würde unseres Dichterfürsten in Magris' Essay über «Goethe, die Prosa der Welt und die ‹Weltliteratur›» nicht zu überhören. Seiner «königlichen Selbstgefälligkeit», heißt es dort, eigne in Verbindung mit dem Wissen, daß die Rolle der großen Individuen in der Welt des alten Goethe ausgespielt habe, etwas Dämonisches und hindere ihn um ein weniges daran, «an die Statur jener sechs oder sieben Allergrößten der Weltliteratur heranzureichen, mit denen er, wie er wußte, sich nicht vergleichen konnte».

Zu einem hohen Grad von Selbsteinschätzung gehört tatsächliche oder auch nur gespielte Entschiedenheit. Man weiß, wer man ist, wohin man gehört, was man will. Claudio Magris hat 1994 im «Corriere della Sera», dessen regelmäßiger Kolumnist er mehr als dreißig Jahre lang gewesen ist, einen heiter selbstironischen Text veröffentlicht über die Probleme, in die ihn die Beantwortung des Proustschen Fragebogens stürzte (die Frankfurter Allgemeine Zeitung legte ihn unzähligen Prominenten vor). Man muß sich dabei für eine Lieblingsfarbe, einen Lieblingsdichter, einen liebsten Romanhelden, usw. entscheiden. Claudio Magris wollte, konnte sich nicht entscheiden. Unentschiedenheit ist nicht gleichbedeutend mit Indifferenz. Sie ist die angemessene Seinsweise eines Menschen, der in einer Grenzstadt geboren und aufgewachsen ist, einer Stadt, bestehend aus vielen Grenzen, die sich im Inneren seiner Bewohner, jedenfalls *dieses* Bewohners, überschneiden und ihn vor die Notwendigkeit stellen, diesseits und jenseits von Grenzen zu existieren.

Das Hauptargument schließlich, das ich gegen einen etwaigen Genieverdacht unseres Autors anführen kann, ist das in seinem Werk allgegenwärtige Bewußtsein von der Hinfälligkeit aller Kreatur. Magris' Bücher sind Ausdruck einer großen Liebe zum Leben. Aber zugleich und nicht trotzdem, sondern eben deshalb wird das Nichts nicht ausgeblendet. Der Nihilismus, der unheimlichste aller Gäste, wie Nietzsche sagt, ist vielmehr immer mit von der Partie, sitzt am reichgedeckten Tisch dieser narrativen und reflektierenden Prosa, wo er sich regelmäßig zu Wort meldet. Etwa wenn sich das erzählte Ich mit Otto Weininger auf der Wiener Schwarzpanierstraße, in deren Haus Nr. 15 sich der Verfasser von «Geschlecht und Charakter» anno 1903 ins Herz geschossen hat und in dessen Vorgängerbau Beethoven gestorben ist, umdreht, um den zurückgelegten Weg zu betrachten. «Am Ende», heißt es, bleibt alles dies – der Blick zurück, der das Nichts erkennt.» Besonders eindrucksvoll formuliert diese Lebenshaltung ein kleiner fiktiver Monolog mit dem Titel «Schon gewesen sein», «Essere gia stati». Da ist die Rede von der Bescheidenheit, der Leichtigkeit (modestia, reggerezza) des Schongewesenseins im Gegensatz zur Schwere, zum Dünkel des Seins. Das Lob des *essere gia stati* darf nicht verwechselt werden mit Nostalgie. Auch in der Vergangenheit herrscht ja das Sein, das keine Kampfpause gewährt. *La grande fortuna di essere stato, la grande licenza di non dover piu essere* ist ein gegenwärtiger Zustand, ein epilogisches Lebensgefühl, das der Sprecher des Monologs als Erbschaft Mitteleuropas empfindet. Wir sind im Delta der Donau angekommen, dreitausend Kilometer Reise, fünfhundert Seiten Lektüre liegen hinter uns, vor uns liegt das unermeßliche Meer, die große Chiffre des Nichts. Der Dichter kehrt in seine Heimatstadt zurück. Alle Wege des Schriftstellers Claudio Magris führen nach Triest, ins Herz des habsburgischen Mythos.

Bleibt mir noch, ganz nüchtern einige Daten und Fakten nachzutragen. Claudio Magris wurde am 10. April 1939 geboren, studierte Literatur und Philosophie in Turin und an verschiedenen deutschen Universitäten, darunter in Freiburg, lehrte und lehrt als Ordinarius für deutsche Sprache und Literatur in Turin und Triest. Von seinen Büchern kann ich nur eine kleine Auswahl nennen: Seine Monographie über Triest, «eine literarische Hauptstadt in Mitteleuropa», erschien 1987. Ein Band von 1984 mit Essays über favorisierte Dichter (Hofmannsthal, Italo Svevo, Musil, Robert Walser, Doderer, Canetti, Isaac Bashevis Singer und die Skandinavier Jacobsen, Ibsen, Hamsun) trägt den Titel «Der Ring der Clarisse» (Clarisse ist eine Figur aus Musils «Mann ohne Eigenschaften»). Eine weitere Sammlung von Aufsätzen «Utopie und Entzauberung» kam 1999 heraus. Zwei Jahre vorher setzte «Microcosmi» (deutsch: «Die Welt en gros et en detail») die für Magris besonders charakteristische Erzählform der Vermessung eines bestimmten Weltausschnitts fort, die er in seinem in über zwanzig Sprachen übersetzten «Donau»-Buch von 1986 so großartig vorgeführt hatte. Mir, der ich in Regensburg geboren und aufgewachsen bin, steht «naturgemäß» (würde Thomas Bernhard sagen) dieses Werk besonders nahe. Noch nicht ins Deutsche übersetzt ist der Essayband «L'infinito viaggiare» und der Roman «Alla cieca» («Blindlings»); beide sind 2005 erschienen. «L'infinito viaggare» ist Claudio Magris' 1996 verstorbener Frau Marisa Madieri gewidmet, die mit «Verde aqua» (1987, deutsch «Wassergrün», 2004) hinreißende Erinnerungen an eine Kindheit in Istrien veröffentlicht hat. In gewisser Hinsicht gilt auch für die Bücher von Claudio Magris, was er über das Werk der Marisa Madiera schreibt: «In ihrer Prosa gibt es viel Wasser, viel Meer. Eine Landschaft, die auch von Ferne und Einsamkeit kündet, von der Tragödie und dem Nichts, vor allem aber von Erfüllung und Hingabe, von der Kindheit des Individuums und der gesamten Menschheit, die aus dem Wasser herkommt, auch wenn sie es oft vergißt.»

Wanderschaft

Sigrid Damm, 20. November 2006

Das Wandern ist des Müllers Lust, aber ist es auch die Lust der Müllerin? Die deutsche Sprache spricht eher dagegen. Es gibt zum Wanderer keine weibliche Form; die Wandererin klingt künstlich und unschön, und das Pendant zum jungen Wandersmann, dem die Aufforderung entgegenschallt, sich, da die Zeit herankommt, aufzuraffen; also ein «Auf, du junge Wanders*frau*» ist zum mindesten nicht geläufig. «In der

Tat kann man sich nicht recht vorstellen, daß eine Cornelia oder Christiane Goethe, eine Günderode, eine Christophine Schiller, eine Caroline Schlegel-Schelling, selbst eine Bettina auf längeren Strecken allein zu Fuß unterwegs gewesen wären, auf jenen unerhört weiten Wegen, die ein Günther, ein Lenz, ein Hölderlin zurückgelegt haben. Und auch Wilhelm Müllers und Schuberts Winterreise kennt nur ein männliches Subjekt. «Der Hut flog mir vom Kopfe,/ Ich wendete mich nicht.» Zur Frage nach dem Geschlecht des Wandernden kommt noch die Lust oder die Qual des Wanderns. Hier erscheint es als Folge der Unbehaustheit, der Ortlosigkeit, des aus den schützenden Mauern des Menschlichen Ausgestoßenseins. «Nun stehst du bleich, / zur Wüstenwanderschaft verflucht», heißt es bei Nietzsche.

Wanderschaft ist beides, der lustvolle Trieb nach dem Unbekannten, dem Abenteuer, die Suche nach Einsamkeit, das Ausgehen nach Selbstbegegnung. Und ebenso der Ausdruck des Nichtdazugehörens, der Notwendigkeit, den eigenen Weg zu gehen, des Fluchtdrangs aus einer die Sinne betäubenden Zivilisation. Suche ich nach einem Begriff, der das Werk Sigrid Damms umgreifen könnte, ist es jener vieldeutige der Wanderschaft. Eine Frau, ein Mann wandern in den Norden, wandern ohne alle technischen Hilfsmittel durch Lappland, sieben Tage und Nächte lang; sie wandern durch dieselbe Landschaft, in der gleichen Jahreszeit, aber in verschiedenen Jahren; die Mutter und der Sohn wandern jeweils für sich allein. Aus dieser *Erfahrung* im Wortsinn sind Sigrid Damms «Tage- und Nächtebücher aus Lappland» hervorgegangen, ihr vorletztes, 2002 erschienenes Buch, aus dem sie, glaube ich, heute abend vorlesen wird. Und ihr vorerst jüngstes Buch, die große Monographie über «Das

Leben des Friedrich Schiller» heißt im Untertitel «Eine Wanderung». Im Falle ihres berühmten Porträts der Christiane Goethe, 1998 erschienen, könnte man den Untertitel «Eine Recherche» ebenfalls durch «Wanderung» ersetzen, und Wanderungen sind im Grunde auch die beiden frühen Biographien (es sind nicht Biographien im üblichen Sinne, ich komme gleich darauf) über Goethes Schwester Cornelia (1987) und den Goethe-Zeitgenossen, Goethefreund, Goethefeind Jakob Michael Lenz, die unter dem Titel «Vögel, die verkünden Land» 1985 in der DDR erschien. Erst 1989 übernahm der Insel Verlag das Buch, während die «Cornelia» zwei Jahre vorher gleichzeitig in der DDR und in der Bundesrepublik erschien und in der FAZ vorabgedruckt wurde. Der Leitmotiv der Wanderschaft gilt ebenso für die eigene Lebensgeschichte, den Roman «Ich bin nicht Ottilie» (1992) und den Bericht einer Schottlandreise: «Diese Einsamkeit ohne Überfluß» (1995). Schon die in Gotha/Thüringen geborene Schülerin unternahm auf den Landkarten, die den Erdkunde-Unterricht illustrierten, ausgedehnte Fingerreisen; sie gingen eher in Richtung Norden als nach Süden. Im nordschwedischen Roknäs hat Sigrid Damm Jahrzehnte später den einsamen Schreibort gefunden, den sie seit langem gesucht hatte. Wir lernen ihn in den «Tage- und Nächtebüchern aus Lappland» kennen, und dort auch den hineingespiegelten Gegenpol, die Casa di Goethe am Corso in Rom, wo Sigrid Damm einen sechs Monate langen Aufenthalt verbrachte. Der laute Süden schneidet gegen den stillen, freilich auch von Touristen-Massen und Kraftwerkanlagen gefährdeten Norden nicht besonders gut ab. Am 28. August 1999, Goethes 250. Geburtstag, lösen Knallkörper, die johlend durch den Corso ziehende Fußballfans werfen, die

Alarmanlage des Hauses aus, in dessen Erdgeschoß sich eine Modeboutique etabliert hat …

Sigrid Damms Bücher gehören nur scheinbar verschiedenen literarischen Gattungen an; die Trennwände sind durchlässig. Die Fähigkeit der Autorin, ein fremdes Lebensterrain aus tausend Erlebnis-Augenblicken zu erkunden und zu vergegenwärtigen, macht den Rang der Biographien *und* der Reiseschilderungen aus. Und der Roman «Ich bin nicht Ottilie» erforscht die eigene Vergangenheit, die zugleich die Vergangenheit der DDR ist, wie eine *terra incognita*. Die Wanderung, die ein Draußen durchmißt, ob es ein fremdes Leben oder eine Landschaft ist, führt auf Schritt und Tritt immer zugleich nach innen, ins eigene Ich, in die eigene Geschichte. Sigrid Damms Stil – die oft das Prädikat aussparende, nur Substantive aneinanderreihende Schreibweise, ihre die Lücke (denn auch die genaueste Recherche erbringt nur bruchstückhafte Ergebnisse) bewußt einsetzende Darstellungskunst – gehen mit dieser tastenden Erkundung einer fragmentarisch überlieferten Wirklichkeit konform. So sind die Lenz, Cornelia, Christiane und Schiller gewidmeten Bücher keine Biographien im landläufigen Sinn. Es handelt sich vielmehr bei aller Exaktheit der Recherche um poetische Rekonstruktionen. Die Gefahr, Leerstellen mit Fiktionen so auszufüllen, daß ein möglichst plastisches Ganzes entsteht, wird aufs glücklichste vermieden. Sigrid Damm verfährt hier ganz anders als Lion Feuchtwanger, der einem in abgelebten Zeiten ihr zugesprochenen Preis den Namen gegeben hat. Feuchtwanger spricht einmal vom Recht des Autors historischer Romane, «eine illusionsfördernde Lüge einer illusionsstörenden Wahrheit vorzuziehen». Illusionsfördernde Lügen waren Sigrid Damm in vierzig DDR-Jahren bis zur

Übersättigung aufgetischt worden. Also scheut sie bei der Wanderung durch ein fremdes Leben keine Anstrengung, seiner Wahrheit, auch wenn es sich um eine illusionsstörende Wahrheit handelt, nachzugehen, und diesem strebenden Bemühn antwortet die Gnade von oben: Sie wird immer wieder auf nahezu phantastische Weise fündig. Ich denke nur an das Notizbuch der Christiane Goethe aus dem Jahr 1816, ihrem Todesjahr. Aber bei aller Exaktheit der Nachforschung verzichtet Sigrid Damm nicht auf Imagination, die sich freilich immer im Rahmen der ermittelten Realität bewegt. Wir haben es mit bewundernswert gelungenen Balance-Akten zu tun: Hier die Zusammenfügung zahlloser bekannter und kaum bekannter Daten und Fakten, die Spurensuche durch ein oft unwegsames Gelände, dort die Identifikation mit dem oder der Anderen, die schöpferische Einfühlung in eine fremde Existenz. Dabei nimmt Sigrid Damm den Leser zu den Stationen des schwierigen Weges, auf dem sie sich ihren Figuren nähert, mit. Der Anfangssatz aus dem Schillerbuch ist charakteristisch: «Ich gehe mit dem Gedanken um, über Friedrich Schiller zu schreiben.» Zwei Seiten später heißt es: «Im Herbst und Frühwinter führen mich meine Lesungen aus den ‹Tage- und Nächtebüchern aus Lappland› an Schillers Lebensorte. Ein Zufall? Mir scheint es keiner zu sein.» Wir sind eingeladen, an der Wanderung teilzunehmen.

Teilnahme ist aber vor allem auf Seiten der Autorin: im Hinblick auf das Lebensschicksal der von ihr Porträtierten. Es sind weder Welteroberer noch Weltüberwinder, sondern Scheiternde und Opfer oder doch Mühselige und Beladene. «Hinter der rastlos tätigen sehe ich die einsame Christiane», heißt es. Und in ihrer Geschichte Cornelia Goethes sagt die Verfasserin: «Ich wußte doch, daß das Leben dieser Frau gerade im Zuschütten ihrer Ursprünge und Fähigkeiten, im Nicht-Leben bestanden haben muß.» Solche Parteinahme funktioniert sonst in vielen Fällen nach dem rhetorischen Schema der Auf- und Abwertung. Der Sohn beispielsweise, ob er August Goethe oder Klaus Mann heißt, wird auf Kosten des Vaters, dem die Schuld am lebensgeschichtlichen Unglück zugeschoben wird, ins Licht gestellt. Das ungelebte Leben der Schwester oder Gattin wird dem Bruder, dem Mann zur Last gelegt. Nichts davon bei Sigrid Damm. Sie tritt nicht als Anklägerin auf. Sie nimmt allenfalls das Fragwürdige in Goethes Verhalten gegenüber Lenz, Cornelia, Christiane, Schiller beim Wort und faßt es in vorsichtige Fragen.

Auch der autobiographische Roman «Ich bin nicht Ottilie» erzählt die Geschichte eines Scheiterns: Politische Hoffnungen, verraten von denen, die sie mißbrauchten, um nichts als ihre Macht geraten zu lassen, münden in Enttäuschung; die lange, konfliktreiche Lebens- und Liebesgeschichte einer Frau verläuft sich im Sand einer Resignation, die den Trennungsschmerz überwunden hat. Aber zugleich beschreibt das Buch den Weg dieser Frau zur Schriftstellerin. Nach dem Verlust der politischen wie der individuellen Utopie beginnt sie zu schreiben. Deswegen ist Sara, die Heldin des Romans, mit dem auf Goethes «Wahlverwandtschaften» anspielenden Titel, *nicht* Ottilie, die über ihrer Liebe zu Eduard die eigene Handschrift verliert.

Sigrid Damm hat diese eigene Handschrift schon in ihrem Lenzbuch gefunden, und in den vielen Büchern, die ihm folgten, namentlich auch in der Schiller-Monographie, bewahrt. Es ist die Handschrift einer Frau, und mir scheint, es konnte dem sehr männlichen Lenz, dem sehr männlichen Schiller gar nichts Besseres passieren, als diesem weiblichen

Blick zu begegnen. In dem Lappland-Buch verschränken sich weibliche und männliche Blickweise in den einander abwechselnden «Sie»- und «Er»-Passagen der Mutter und des Sohns. Zwei Stimmen, die durch eine dritte – meine – nicht länger gestört werden sollen.

Ein Haus mit sechs Türen

Michael Krüger, 23. Mai 2007

Unlängst las ich den Bericht über eine revolutionäre Deutung von Dürers berühmtem Melencolia-Kupferstich aus dem Jahre 1514: Die düster vor sich hinbrütende geflügelte Gestalt sei niemand anderes als der Gerechtigkeitsengel, also eigentlich eine Iustitia. Alle auf dem Bild gezeigten, ihren allegorischen Charakter ja überdeutlich zur Schau tragenden Gegenstände werden als Sinnbilder des Rechts und der Rechtsordnung interpretiert. Dürer habe die Iustitia in einem kranken Gemütszustand, also als Melencolia, dargestellt, weil er die Trauer über den Verlust der geistlich-himmlischen Bedeutung der Gerechtigkeit und Gerichtsbarkeit im Übergang vom Mittelalter zur Neuzeit ausdrücken wollte.

Wie dem auch sei: Jede Deutung hat, wenn sie schlüssig durchgeführt ist, ihre eigene Wahrheit, und die Wahrheit dieser Deutung leuchtete mir im Hinblick auf Michael Krügers Gedichte und Erzählungen, mit denen ich mich in den letzten Wochen wieder intensiv beschäftigt habe, auf Anhieb ein. Viele Wege führen in dieses Werk, viele übrigens auch wieder aus ihm heraus – der Weg über Dürers melancholischen Gerechtigkeitsengel scheint mir kein Irrweg zu sein, sondern in sein Zentrum, oder sagen wir es poetischer: in sein Herz zu führen.

In Krügers jüngstem Gedichtband «Kurz vor dem Gewitter», 2003 erschienen und wahrscheinlich bald schon durch einen neuen aus seiner Benjamin-Position verdrängt, findet sich eine Abteilung mit relativ langen, prosanahen, zum Teil der Herkunft gewidmeten Texten. Da ist von einem, seinem Großvater die Rede, der unter sächsischem Himmel – Michael Krüger wurde im Dezember 1943 in Wittgendorf/Kreis Zeitz geboren – dem König (ich nehme an: von Sachsen) einen Hasen vor die Flinte treiben sollte, «aber» – jetzt im Wortlaut – «aber der Großvater hatte / das Tier unter seinem Mantel versteckt. / Ich kann noch heute das Hasenherz schlagen hören, / rief er und faßte sich an die Stelle, wo seine Uhr / hing. Hasen haben ein schlechtes Herz, / damit kann man keinen Staat machen. Vom Staat / war nicht viel zu erwarten.»

Das Ich, das dieses Gedicht unterzeichnet, nennt sich den «Mann mit dem Hasenherz». Ich will gleich noch ein zweites Gedicht zitieren, das ein paar Seiten weiter den letzten Abschnitt des Bandes eröffnet und «Rede des Betrübten» überschrieben ist.

Ich bin der Betrübte.
Alle Versuche, mich aufzuheitern,
schlugen fehl.
Warum lachst du nicht,
fragen die Menschen.
Worüber, antworte ich,
ich will mit der Hoffnung
nicht verhandeln.
Weil ich schlaflos bin,
gehe ich nachts spazieren.
Ich höre die Tiere atmen,
die Schatten flüstern mir zu.
Einmal fand ich … doch
darüber will ich nicht reden.

Wir wollen uns hüten, das sogenannte lyrische oder erzählende Ich mit der empirischen Person seines Verfassers gleichzusetzen, wollen aber auch nicht übertrieben zimperlich literaturimmanent von allen Beziehungen zwischen dem Autor und seinen poetischen Äußerungen absehen. Das gern, manchmal etwas zu gern zitierte Wort des Novalis «Jeder Mensch ist eine kleine Gesellschaft» scheint durch die neue Hirnforschung bestätigt zu werden: Für ein festumrissenes Ich von der Sorte jenes Ego, das wir zu sein uns einbilden, gibt es keinen rechten zerebralen Anhaltspunkt, wir müssen, heißt es, uns dieses «Ich» eher als eine Art Ministerrunde vorstellen, die durch Beratung und Abstimmung zu ihren Beschlüssen kommt. Auf Grund meiner Lektüre von Michael Krügers Büchern vermute ich, daß die «kleine Gesellschaft», die seinen Namen trägt, sich mehrheitlich aus «Betrübten» zusammensetzt, daß also die melancholische Stimmung vorherrscht. Wenn Nestroy gesagt hat, von allen Nationen sei die Resignation die edelste, gilt von der Melancholie erst recht, daß sie von allen Seelenfarben die vornehmste, menschenfreundlichste und, wofern sie sich nicht in dumpfe Niedergeschlagenheit verliert, auch die poetischste ist. Depression bleibt in sich selbst gefangen, kreist um sich selbst wie der Ring um den Saturn. Melancholie aber, die aus der Trauer über den Verlust der Gerechtigkeit hervorgeht, wendet sich nach außen, wird schöpferisch. Sie topographiert die im Argen liegende Welt, klagt, klagt an und entwirft Gegenwelten.

Fenster und Tür sind in Michael Krügers Gedichten die objektiven Korrelate für dieses Hin und Her von Drinnen und Draußen, subjektivem Leiden und tatsächlicher Mangelhaftigkeit. In «Diderots Katze», dem zweiten Gedichtband (1978), ist ein mehrteiliges, über acht Seiten sich erstreckendes Gedicht mit «Notizen zur Geschichte des Fensters» überschrieben. Gewöhnlich steht ja der Schreibtisch, an dem ein Autor sich über das Papier seines Manuskripts beugt beziehungsweise heute vor seinem Laptop sitzt, schon aus Beleuchtungsgründen am Fenster; bei der «Anstrengung / ein anderer zu werden / auf dem Papier» (wie drei Zeilen lauten, die als Motto über Michael Krügers ganzem lyrischen Werk stehen könnten) geht der nach innen gekehrte Blick zugleich suchend hinaus. Aber das Fenster ist auch ein Auge, das ins Zimmer blickt: «Das Fenster beobachtet mich / beim Schreiben.» In «Kurz vor dem Gewitter», fünfundzwanzig Jahre später, bezeichnet die «Tür» die Nahtstelle zwischen dem Hausbewohner und der Außenwelt. Die Tür im Plural – entsprechend der Komplexität des Ich und der Kompliziertheit der Beziehung von innen und außen.

Letzte Fragen

Mein Haus hat sechs Türen,
alle aus gutem Holz.
Die erste verhandelte zu lange
mit dem Architekten über den Platz,
der ihr zukomme, und wurde geschlossen.
Die zweite ist allergisch gegen Licht
und läßt sich bei Tag nicht öffnen.
Die dritte steht nur im Traum offen
und zeigt einen alten bärtigen Engel,
der seine Pflicht tut.
Die vierte führt in die heile Welt
und wird nicht mehr benutzt.
Die fünfte sucht ihre Form
nach dem alten Maßstab des Möglichen.
Die sechste ist unsichtbar.
Seit Jahren fahre ich mit den Händen
die Wände ab, um sie endlich zu finden.
Ich weiß genau, daß sie existiert.
Natürlich wäre es möglich,
dem Haus eine weitere Tür zu verpassen,
wie alle Freunde mir raten.
Aber lieber reiße ich das Haus ab,
um in den Trümmern Eingang zu finden.

Dieses Gedicht gehört zu meinen Lieblingsgedichten, als Ganzes, aber noch besonders um der sechsten unsichtbaren Türe, um des Gestus der die Wand vergeblich nach ihr abtastenden Hände willen. Die Schwierigkeiten des Hinein- und Hinauskommens ergeben sich nicht aus einer privaten

Gehemmtheit des Bewohners, sondern aus dem Zustand der Welt, von der er und sein Haus ja ein Teil sind.

Michael Krüger war 1968 fünfundzwanzig Jahre alt. Er hat vorher in Berlin und London gelebt. Sein letzter Roman, die «Turiner Komödie» von 2005, dreht sich um einen berühmten Schriftsteller, den engen Freund des Icherzählers aus gemeinsamen Berliner Tagen. Dieser Rudolf war «der Star der linken Germanistik an der Freien Universität gewesen, einer gefürchteten Gruppe belesener Eiferer, die gegen ihre eigene Überzeugung die törichten Meinungen vertrat, an die sie später keiner mehr erinnern durfte». Schließlich verachtet er Politik als eine Sache von Dummköpfen und geht als Direktor eines Instituts für Kommunikationsforschung (die er nicht weniger verachtet) nach Turin. Wo er, in der Stadt von Cesare Pavese, auf dem Höhepunkt seines Ruhmes als Autor von vier Romanen, Selbstmord begeht. «Wie kannst du nur in diesem Deutschland existieren», fragt er seinen Freund immer wieder einmal, «in dieser Mittelstandslüge, dieser Ödnis?»

Der sich erinnernde Erzähler fand es seinerzeit im Brennpunkt der Studentenrevolte «töricht und unaufrichtig, an die Revolution zu glauben». Aber er fand sich, ich springe zum Ich seines Autors, ebenso wenig zu recht in der nachfolgenden Epoche einer Stille *nach* dem Sturm und einer sogenannten neuen Subjektivität. Zeilen in Michael Krügers erstem Gedichtband «Reginapoly» – als er 1976 erschien, war sein Verfasser immerhin dreiunddreißig Jahre alt – lauten so:

Alles ist ruhig. Es ist nichts passiert.
Die Gefühle sind unscheinbarer geworden, wie erwartet,
der Haß
hat sich verwandelt in Neid. Nur keine Aufregung,

nur kein Theater, nur keine Traurigkeit: die Finanzierung
der Apathie
ist gesichert. Der Export nimmt wieder zu. […]

Krügers Bücher sind sehr genaue poetische Bestandsaufnahmen der Jahrzehnte, in denen sie entstanden sind, der siebziger und achtziger Jahre und dessen, was sich seit bald zwanzig Jahren Postmoderne nennt. Sie bewegen sich, das ist oft bemerkt worden, zwischen den Polen von Reflexion und Sinnlichkeit, ein halsbrecherisches Unternehmen, das trotz glanzvoller Einzelsiege im Bemühen um eine Versöhnung oder auch nur Koexistenz von Denken und Leben vielleicht zum Scheitern verurteilt ist. Da es herkömmlicherweise die Kunst ist, die das Geschäft der Vermittlung zwischen, um es mit Krügerschen Metaphern zu sagen, Diderot und seiner Katze betreibt, sind die Hauptfiguren der Erzählungen fast immer Künstler: Schriftsteller, Maler (in dem Roman «Der Mann im Turm») und Komponisten (in der «Cellospielerin»). Es geht also, wenn ich es sehr vordergründig ausdrücke, um die Situation der Kunst unter den herrschenden Daseinsbedingungen. Manuskripte bedeutender Werke kommen ihrem Autor abhanden – entweder buchstäblich, indem sie als Fluggepäck auf Nimmerwiedersehen verschwinden, oder dadurch, daß ihr Schöpfer sie verstümmelt oder aufgibt.

Ein biographisches Unglück steht am Anfang. Ein umfangreiches Manuskript ging dem jungen Michael Krüger bei einem Flug nach London tatsächlich verloren. Es ist das Schlimmste, was einem angehenden Autor passieren kann. Aus dieser zentralen literarischen Verlusterfahrung entspringen namentlich die ersten erzählenden Bücher: die schon durch ihre Titel als Dreifaltigkeit angelegten drei Geschichten: «Was tun? Eine altmodische Geschichte», «Warum Peking? Eine chinesische Geschichte», «Wieso ich? Eine deutsche Geschichte». Das private Erlebnis war in diesen Büchern zum Symptom mutiert. Sie erschienen, als Krüger schon ein bekannter Lyriker war, zwischen 1984 und 1987. 1990 wurde das Terzett mit der das «Ende des Romans» proklamierenden «Novelle» zum Quartett erweitert. Die «Turiner Komödie» ist, wenn ich recht gezählt habe, im Rahmen von Krügers Epik die Nummer 11.

Krügers Schreiben, auch und besonders seine Lyrik, kommt, ich sage es mit dem Titel einer seiner Bände, «aus der Ebene». Es ist der Versuch, dem Alltag – seinen Zufälligkeiten, Zumutungen, Beiläufigkeiten, Unvereinbarkeiten – mit poetischen Mitteln beizukommen, so wie jemand sich einer Kamera bedient, um nicht wehrlos dem, was unaufhörlich auf ihn eindringt, ausgeliefert zu sein.

Das waren nur einige Stichworte zu einem erstaunlich umfangreichen und polyphonen Werk eines Mannes, das auf einen bestimmten Nenner zu bringen gewiß ganz dumm und falsch wäre. Ich muß aber noch auf einen Aspekt des (Gott sei Dank!) unauslotbaren Phänomens, mit dem wir es unter dem Namen Michael Krüger zu tun haben, eingehen. Ich traf ihn zum ersten Mal, er erinnert sich bestimmt nicht mehr daran, beim Tee in der Wohnung des Merkur-Herausgebers Hans Paeschke. Krüger mußte bald gehen, weil er, wie er sagte, noch mehrere Klappentexte von im Hanser Verlag erscheinenden Büchern schreiben mußte. Das war 1978, als er seit zehn Jahren einer der Lektoren, aber noch nicht der Leiter des Hanser Verlags war. Ich wunderte mich, weil ich immer geglaubt hatte, die Formulierung von Klappentexten mit ihrem mindestens seinerzeit verächtlich-pejorativen Beigeschmack sei eine Aufgabe ganz subalterner Verlagsangestellter. Und das ist sie wohl in anderen Verlagen auch, wenn nicht die Autoren selber sie schreiben müssen.

Erst nach und nach begriff ich, daß in dieser beiläufigen Bemerkung etwas zum Ausdruck kam, was für den Menschen Michael Krüger zutiefst charakteristisch ist: seine geradezu unglaubliche Freundschaftsfähigkeit. Seine Autoren (aber keineswegs nur diese) sind seine Freunde, und so verstand es sich damals für ihn von selbst, daß er die Klappentexte zu ihren Büchern schrieb. Ich nehme nicht an, daß er das jetzt noch tut. Aber an der Substanz dieser Freundschaftsfähigkeit hat sich in all den Jahren nichts geändert. Dieser ungeheuer Vielbeschäftigte nimmt sich, ich könnte viele Beispiele anführen, für seine unzähligen Freunde Zeit. Er ist für sie da. Es gibt in der weitgehend unwirtlichen Landschaft des gegenwärtigen literarischen Lebens auch Gärten der Freundschaft. Der Gärtner des größten und reichsten unter ihnen heißt Michael Krüger.

Lauterkeit

Reiner Kunze, 5. November 2007

Vor vierunddreißig Jahren bin ich Reiner Kunze zum ersten Mal persönlich begegnet. Die Bayerische Akademie der Schönen Künste hatte dem im thüringischen Greiz lebenden Lyriker ihren Literaturpreis zuerkannt, und Kunze hatte von den DDR-Behörden die Reiseerlaubnis nach München erhalten, wo er am 5. Juli 1973 den Preis aus der Hand des damaligen Akademie-Präsidenten Hans Egon Holthusen entgegennahm. Ich wußte, daß der Dichter «drüben» starken Restriktionen ausgesetzt war. Mehrere Bücher von ihm waren nur im Westen erschienen, darunter die beiden Gedichtbände «Sensible Wege» (1969) und «Zimmerlautstärke» (1972). Aber meine Kenntnis von Kunzes Werk beschränkte sich einstweilen auf ein einziges Gedicht, das mir, ich weiß nicht mehr wo, vor Augen gekommen war und mir auf Anhieb so gut gefallen hatte, daß ich es im Deutschunterricht als einen der Texte für die obligate Gedichtinterpretation verwendete (um nicht zu sagen: mißbrauchte). Es hieß «Das Ende der Kunst», ein Titel von geradezu Hegelschem Ausmaß, zu dem die folgenden acht Verszeilen in auffallender, mich ironisch anmutender Disproportion standen:

Du darfst nicht, sagte die eule zum auerhahn,
du darfst nicht die sonne besingen
Die sonne ist nicht wichtig

Der auerhahn nahm
die sonne aus seinem gedicht

Du bist ein künstler,
sagte die eule zum auerhahn

Und es war schön finster

Merkwürdigerweise hatte ich das Gedicht beim ersten Lesen nicht auf die Kulturpolitik der DDR bezogen, die die Kunst zum Vehikel staatlicher Interessen machte und dem Dichter vorschrieb, was er zu besingen und nicht zu besingen hatte; ich hatte es vielmehr bezogen auf den 1968 vom inzwischen berühmten Kursbuch 15 im Namen der politischen Alphabetisierung (West-)Deutschlands verkündeten Sonnenuntergang der Literatur. Erst später nahm ich zur Kenntnis, daß «Das Ende der Kunst» schon 1960 in Leipzig entstanden war, also kurz nachdem sein damals siebenundzwanzigjähriger, konterrevolutionärer Umtriebe bezichtigter Autor seine Universitätstätigkeit aufgegeben und als Hilfsschlosser in einem «Volkseigenen Betrieb» zu arbeiten begonnen hatte.

Nun war es inzwischen freilich auch bei uns im Gefolge der Impulse von 1968, was die Situation der Poesie betraf, einigermaßen finster geworden. Die Finsternis hielt sich, das muß man gerechtigkeitshalber hinzufügen, in Grenzen: Selbst das Kursbuch 15 enthielt zahlreiche Gedichte, darunter vier wunderbare von Ingeborg Bachmann. Gleichviel: «Das Ende der Kunst» hatte mich so beeindruckt, daß ich im Juli 1973 auf den Dichter recht neugierig war, und ich ließ mir sogar, wie ein Primaner, auf die Einladungskarte zur Akademiefeier ein Autogramm von ihm schreiben.

Es ist charakteristisch für Reiner Kunzes Lyrik, auch für die Prosa seines erfolgreichsten Buches, der «Wunderbaren Jahre» von 1976, daß sie nicht monologisch in sich verkapselt ist, sondern den Leser zum Adressaten, ich möchte fast sagen: zum Gesprächspartner macht. (Die Lakonik seiner Texte, ihr Schweigen zwischen den Zeilen haben damit vor allem zu tun.) So fühlte ich mich bei der Vorbereitung auf den heutigen Abend, beim Wiederlesen der früheren Gedichtbände, herausgefordert, die eigene, durch und durch westliche Verhaltensweise gegenüber jenem anderen Deutschland zu reflektieren, dessen besten Teil mir der Dichter Reiner Kunze zu verkörpern schien. Und ich glaube: nicht nur mir. Von Eltern und Lehrern hörten wir, was die lange Zeit «Ostzone» genannte DDR anging, nur die wegwerfendsten Pauschalurteile. Da lebten unter menschenunwürdigen Umständen die armen, aber leider kommunistisch verseuchten Brüder und Schwestern, und nicht etwa die Teilung des Vaterlands war das Übel, sondern die Nähe des russischen Machtbereichs, von dem die einzige Gefahr für den Weltfrieden ausging. Gut und Böse waren mit West und Ost vollkommen identisch. Niemand in meiner Umgebung glaubte an die Wiedervereinigung, und niemand wünschte sie, die pünktlich an jedem 17. Juni als Ziel unserer Politik beschworen wurde, die mindestens in diesem Punkt als verlogen zu durchschauen war.

Eine so eindeutige Feindbild-Definition mußte in manchen von uns Jüngeren Skepsis, ja Widerstand hervorrufen. Als ich 1965 dreißigjährig im Rahmen einer Berlinfahrt mit Schülern zum ersten Mal nach Ost-Berlin kam, mahnte mich die nette Schaffnerin in der Straßenbahn, die uns vom Übergang Friedrichstraße zum Alexanderplatz brachte, ich solle doch nicht so aufgeregt sein. «Auch wir», sagte sie, «sind Menschen wie ihr, und es geht bei uns auch nicht so unmenschlich zu, wie ihr drüben denkt.» Wir besuchten eine Aufführung des Kabaretts «Die Distel» und applaudierten begeistert dem mit Anzüglichkeiten gegen die offizielle Politik gespickten Programm. Die Genugtuung galt nicht so sehr der Kritik selbst als der Tatsache, daß sie möglich war. Im Theater am Schiffbauerdamm und auf «unserer» Seite im Schillertheater sahen wir jeweils eine Brecht-Aufführung. Das Bedürfnis, dem von der Elterngeneration so lautstark verteufelten zweiten deutschen Staat, der, nachdem die «Ostzone» aus dem Wortschatz verschwunden war, immer nur die «sogenannte DDR» hieß, ein gewisses Verständnis entgegenzubringen, ihm sozusagen in unserem Gefühlshaushalt eine Chance zu geben, verbuchte die wenigen positiven Signale, die uns von dort erreichten, als Bestätigungen unserer Toleranzbereitschaft. Vor allem das leichte Tauwetter, das 1971 mit dem Wechsel von Ulbricht (der einem die Verachtung des Arbeiter- und Bauernstaates freilich leicht gemacht hatte) zu Honecker einsetzte, wurde in diesem Sinne begrüßt. Daß in Wirklichkeit alles noch viel schlimmer und ekelhafter war, als unsere Kalter-Krieg-Propaganda es dargestellt hatte, erwies sich in vollem Umfang erst 1989.

Ich sage das, um deutlich zu machen, in welchem Licht der Dichter Reiner Kunze in den vier Jahren zwischen 1973 und 1977, dem Datum seiner Übersiedlung in die Bundesrepublik, uns oder, vorsichtiger gesagt: mir erschien. Die Neugier und die Sympathie, die seine Dichtung und seine Poesie hervorriefen, hatten etwas damit zu tun, daß es «so etwas» in dem fernen und verrufenen zweiten Deutschland eben auch gab. Obwohl nicht zu übersehen war, man war ja trotz leichter Verblendung nicht völlig blind, daß es einen Reiner Kunze dortzulande eigentlich gar nicht geben durfte – sieht man von der bei Reclam in Leipzig 1973 (im Jahr der verhaltenen Hoffnung) erschienenen Sammlung «Brief mit blauem Siegel» ab. Leider bin ich nicht in der Lage, Ihnen ein Exemplar dieser Sammlung zu zeigen, wie es neulich bei Reiner Kunzes Lesung in der Akademie der Schönen Künste Peter Horst Neumann in seiner Einführung tat. Obwohl es sich wahrscheinlich um den erfolgreichsten Lyrikband handelt, der jemals in der DDR erschien – die beiden Auflagen waren sofort vergriffen –, ist der Band zu einer antiquarischen Rarität ersten Ranges geworden. Vielleicht auch deshalb, weil er so intensiv gelesen wurde, daß von den meisten Exemplaren nur Fetzen übrigblieben. *Wir* hier lasen Kunze in den Ausgaben des S. Fischer Verlags. Zu betonen ist, daß nicht seine schwierige Lage unter totalitären Umständen als solche die Anziehungskraft des Werks bedingten, sondern dessen poetische Evidenz, die freilich von der politischen Sinnrichtung nicht zu trennen war.

Schon bald wurde «drüben» alles entsetzlich eindeutig. Als Kunze im Sommer 1974 zum Mitglied der Bayerischen Akademie der Schönen Künste gewählt worden war, wurde ihm die Ausreisegenehmigung verweigert, und Clemens Podewils, der Generalsekretär der Akademie, überreichte die Ernennungsurkunde in der Bonner Vertretung in Ost-Berlin. Nach dem Erscheinen der «Wunderbaren Jahre» 1976 im S. Fischer Verlag wurde der Dichter aus dem DDR-Schriftstellerverband ausgeschlossen. Seine Übersiedlung in den Westen war ein definitives Signal für die Aussichtslosigkeit, Ausweglosigkeit der Verhältnisse, von uns aus gesehen, jenseits der Grenze. Spätestens hier trennten sich die Sympathisantenwege, die, wie ich glaube, immerhin einen gemeinsamen Ursprung hatten. Während für die einen (zu denen ich mich rechne) das letzte Fünkchen Hoffnung erlosch, daß es in einer Gegenwelt zu unserer eigenen, von Kapitalismus und Rüstungswahnsinn beherrschten, vielleicht doch noch einmal menschlich zugehen könnte, gab es andererseits die Freiheit des hiesigen Lebens voll und ganz für sich beanspruchende verstockte BRD-Hasser, die Kunzes Übersiedlung als eine Art DDR-Landesverrat werteten und in dem Dichter so etwas wie eine Galionsfigur der Reaktion sahen – mit den übelsten Folgen für sein persönliches Ergehen. Beispielsweise schüttete man Pflanzengift in das Gelände des von Kunze, seiner Frau und seiner Tochter bezogenen Hauses in Obernzell-Erlau bei Passau und schikanierte die Familie mit anonymen Anrufen und Briefen. Diese Ungeheuerlichkeiten lassen sich keineswegs rechtfertigen durch die Tatsache, daß es eine Tendenz gab, den damals unheimlich prominenten Dichter (er ist es immer noch, aber nicht mehr unheimlich) in ein einseitig rechtes «Kalter-Krieg-Lager» zu ziehen.

Ein halbes Jahr nach der Übersiedlung erhielt Reiner Kunze den Büchnerpreis. In seiner Laudatio sagte Heinrich Böll: «Dieser Autor wird wohl wissen, was er liest, wenn er liest, daß die Neutronenbombe [...] *nur* Leben zerstört, und wenn er liest, daß eine lautstarke Partei diese Waffe freudig begrüßt.» Ich höre noch Bölls Tonfall bei dem Wörtchen «nur»; denn ich war im Darmstädter Theater dabei. Es war ein sehr deutlicher Hinweis darauf, daß bei uns auch vieles politisch im Argen lag, ein Hinweis auf die Gefahr der Vereinnahmung des DDR-Dissidenten durch reaktionäre Tendenzen hierzulande. Nun, Reiner Kunze ließ sich nicht vereinnahmen; er existierte (und wir mit ihm) «auf eigene hoffnung». Das war der Titel des ersten Gedichtbandes, der nach seiner Niederlassung in der Bundesrepublik erschien, und er hatte sich Zeit damit gelassen: bis 1981. Und er blieb, wie die drei folgenden Bände zeigten – jeweils in dem für Kunzes inneres Zeitmaß charakteristischen Abstand: «eines jeden einziges leben» (1986), «ein tag auf dieser Erde» (1998), «lindennacht» (August 2007) –, nichts als er selbst, niemandes Prophet, niemandes Narr, niemandes Dichter. Für die vollkommene – ich scheue das Wort nicht – *Lauterkeit* des Lyrikers Reiner Kunze ist jeder dieser Bände ein leuchtender Beweis.

Dieser Dichter gibt sich in seinen Büchern, auch in den Prosabüchern, den «Wunderbaren Jahren», den Essays («Das weiße Gedicht», 1989), dem Tagebuch «Am Sonnenhang», 1993, den gesammelten Gesprächen «Wo Freiheit ist» und ausgewählten Reden «Bleibt nur die eigne Stirn», 2005) immer *ganz*. «Des spiegels unerbittlichkeit/vermag uns nicht zu täuschen.» Diese beiden Zeilen stammen aus einem Liebes-, einem Ehegedicht, und die Liebe zwischen den alternden Ehegatten weiß mehr, als das scheinbar unfehlbare Orakel des Spiegels sagt, das lediglich die äußeren Spuren des Alters zurückwirft. Die Zeilen sind somit in einem ganz anderen, dem Gebrauch, den ich jetzt von ihnen mache, geradezu entgegengesetzten Sinn gemeint. Ich reiße sie bewußt aus dem Zusammenhang und übertrage sie auf Kunzes lyrisches Werk: Jedes seiner Gedichte erscheint mir als Spiegel seines Dichters, und keines vermag uns über seine Integrität zu täuschen.

Grenzgänge

Sibylle Lewitscharoff, 6. Mai 2008

Um eine gewisse *variatio* in der Struktur seiner «Metamorphosen» zu erreichen, wendet der römische Dichter Ovid im zehnten Buch des Werkes den Kunstgriff an, eine Reihe von Verwandlungssagen dem letzten Endes unverrichteter Dinge aus dem Totenreich zurückgekehrten Orpheus in den Mund zu legen. Orpheus hat nicht nur als Liebender versagt, weil er das ihm auferlegte Blickverbot nicht einzuhalten vermochte, sondern auch als Dichter: Nur ein paar Schritte trennen ihn noch von der Oberwelt, da dreht er sich um – und sieht: einen Schatten, der sich unter seinem Blick sofort auflöst, die in der vom Diesseits trübe erhellten Luft zitternde Spiegelung einer

Figur, deren weiße Arme ins Leere greifen, zerrinnende Lippen, die ein lautloses Lebewohl zu formen scheinen. Das ist nicht sie, die er durch eine rhetorische Meisterleistung vom Totenkönigspaar losgebettelt hat; das ist nur der blasse Umriss seiner Erinnerung an sie. Niemand ist ihm gefolgt. Die ganze Geschichte war nur seine Einbildung, und seine Einbildungskraft erwies sich, bei Licht besehen, als zu schwach, die Tote ins Leben seines Gedichts zu rufen. Aber nach sieben Tagen stummer Trauer am Ufer des Totenflusses kehrt er ins thrakische Gebirge zurück, und eines Tages beginnt er wieder seine Kunst zu üben, beschattet von Bäumen und umringt von Tieren, die sein Gesang herbeizieht. Erst jetzt ist der aus dem Hades Heimgekehrte zum Dichter geworden. Nur wer die am tiefsten greifende Verwandlung, die aus einem Lebenden zu einem Toten, und seine Rückverwandlung in einen Lebenden erfahren hat, nur wer dieses «Stirb und Werde» besitzt, ist imstande, Verwandlungsgeschichten so zu erzählen, daß sie das Herz des Hörers oder Lesers berühren, bezwingen.

In den beiden Romanen, die Sibylle Lewitscharoff neben der Erzählung «Pong» und dem Kinderbuch vom «Höflichen Harald» bisher vorgelegt hat, dem Roman «Montgomery» von 2003 und dem 2006 erschienenen Roman «Consummatus», sind Tod und Leben in einer Weise miteinander verschränkt, daß ich das, was ihre Verfasserin zum Schreiben gebracht hat, das Geheimnis vom Stirb und Werde nennen möchte. «Montgomery» erzählt die letzten Tage eines Mannes, des Filmproduzenten Montgomery Cassini-Stahl (seinen Vornamen verdankt er der Begeisterung seines italienischen Vaters für den jungen Montgomery Clift in «Red River») mit der Stimme seines Degerlocher Schulkameraden, der ihn zufällig eines Nachts nach Jahrzehnten auf dem römischen Campo de' Fiori wieder getroffen hat, um eine Woche später im «Messaggero» seine Todesanzeige zu lesen. Der Infarkttod kommt für ihn selbst unerwartet, nicht aber für den Leser, der ihn von Anfang an kommen sieht.

In «Consummatus», dem zweiten Roman, drängt sich die Beziehung zur Orpheus-Sage geradezu auf. Es handelt sich um eine neue, ganz und gar persönliche und also unverwechselbare Variation des mythischen Musters, deren Unaufdringlichkeit auch einem Leser ohne Kenntnis des antiken Hintergrundes eine sinnvolle Lektüre ermöglicht. Der Orpheus von heute heißt Ralph Zimmermann (wie Bob Dylan mit bürgerlichem Namen heißt), seine Eurydike ist Joey, eine deutsche Popsängerin, die eigentlich Johanna Skrodzki heißt, so wie die Untergrundsängerin Nico eigentlich Christa Päffgen hieß. An die Stelle des Hügels, auf dem Orpheus bei Ovid seine Geschichten von Ganymed, Hyacinthus, Pygmalion, Adonis singt, ist das Stuttgarter Café Rösler getreten, wo sich Ralph Zimmermann am 3. April 2004 um 10 Uhr 01 zum Frühstück einfindet, um es um 14 Uhr 16, nach dem letzten Schluck einer stattlichen Zahl von Wodkas zu verlassen, auf den Lippen ein «Jungejunge, es ist vollbracht». Das Jesuszitat «consummatum est» verweist auf den Titel des Buches.

Draußen erwartet den betrunkenen Orpheus ein ernüchterndes, erfrischendes Schneegestöber. Er hat uns in den sechs Caféhaus-Stunden seine eigene Geschichte erzählt, die, wie im Grunde fast alle Geschichten, eine Totenklage und Totenbeschwörung ist – eine vergebliche; denn ihm fehlten, wie es heißt, «Wille und Potenz, seine Geliebte aus dem Totenreich herauszutrauern». Diesen Mangel teilt er mit seinem Ovidischen Vorbild.

Es geht in dieser Geschichte zum einen also um die Liebe von Orpheus-Ralph zu Eurydike-Joey, einem Stuttgarter Gymnasiallehrer zu der Undergroundikone, die er samt ihrer Band sieben Monate kreuz und quer durch Europa kutschiert, nachdem er sie im Flugzeug unterwegs nach einer Insel im Süden Spaniens kennengelernt hat. Er, der zweiunddreißig Jahre als Erloschener durchs Leben Gegangene, hatte sich für ein Jahr vom Schuldienst befreien lassen. Das Glück der Verbindung mit der sieben Jahre älteren Joey, die den Zenith ihres Ruhmes schon geraume Zeit überschritten hat, währt nicht lange: Als sie durch einen Unfall ums Leben kommt, ist die Beziehung schon in die Brüche gegangen. Mit Unfällen von Menschen, die Sibylle Lewitscharoffs Helden nahestehen, hat es eine eigene Bewandtnis: Es bleibt offen, ob Ralph beim Rückwärtsfahren des Wagens, mit dem er die wieder einmal unter hysterischen Beteuerungen eines Nimmerwiedersehenwollens Ausgestiegene einsammeln wollte, wirklich nicht wissen konnte, daß sie nicht wie sonst am Straßenrand hockte, sondern direkt hinter dem Wagen herlief. Sie kommt jedenfalls ums Leben. Ebenso läßt es die Autorin in ihrem Roman «Montgomery» im Unklaren, ob der junge Monty den Rollstuhl seines körperbehinderten, ihn auf Schritt und Tritt bevormundenden Bruders Robert über den Rand des Swimmingpools im Garten der großväterlichen Degerlocher Schmitthenner-Villa geschubst hat oder ob es nicht doch nur ein Unfall war.

Die Orpheus-Sage ist mehr als eine Liebesgeschichte. Der Sänger gehört in die Gruppe der renommierten Jenseitsfahrer. Jenseitswanderschaft als literarisches Thema reicht von der «Odyssee» bis zum Brandner Kaspar, der ins Paradies schaut, und Aldous Huxleys Roman «Time must have a

Stop» («Zeit muß enden»). Die erste Begegnung mit einer solchen Jenseitsphantasie fiel für mich in die Zeit meiner leidenschaftlichen Karl May-Lektüre. Nicht «Winnetou», nein: «Am Jenseits» hieß das Werk, das mich am tiefsten beeindruckt hat. Dann im Griechischunterricht die «Odyssee», deren elfter Gesang den Abstieg des Helden in den Hades erzählt. Da konnte Vergil mit seinem Aeneas nicht zurückstehen, und so wird er für Dante – freilich nicht nur deswegen – zum Führer durch «Inferno» und «Purgatorio». Auch Ralph Zimmermann hat einen «Jenseitsberater». Bei einer Klassenfahrt nach Venedig bricht der Lehrer – dessen Lebenswille durch den Verlust seiner Joey geknickt ist – im Café Florian zusammen. Er wird nicht vom Nichts verschlungen, sondern findet sich in einem Reich des «Nichtnicht» wieder. Es ist nur ein Beinahe-Tod in Venedig: Zimmermann kehrt von jenem Dort ins Hier zurück – nicht ohne den Auftrag der Berichterstattung. «Kehr um und sag, wie's dort zugeht. In klaren, einfachen Worten. [...] Wie zurechtgefunden. Welchen Irrtümern aufgesessen. Wem begegnet. Welche Lehre daraus gezogen, falls es eine gibt. Ob Sehnsucht nach dem wirklichen Leben. Ob wieder gewonnenes Leben ein Geschenk. Ob es das Gute gibt, ob das Böse, ob Gerechtigkeit.»

«Wem begegnet»: Auf diese Frage gibt Ralph Zimmermanns langer innerer Monolog, der den Roman ausmacht, ausgiebige Auskunft. Er findet einige wieder, die er im Leben gekannt hat, einen kindlichen Schulkameraden, seine zwillingshaften Eltern, die bei einem Flugzeugunfall in Afrika ums Lebens gekommen sind, und begegnet vielen, die er als Lebender nicht gekannt hat: den Popkünstlern Andy Warhol, Jim Morrison, Edie Sedgwick. Aber auch einer merkwürdig gemischten «deutschen Mannschaft»: Luther und Robert

Bosch, Kulenkampff, dem Stefan George-Propheten Friedrich Gundolf und Kurt Georg Kiesinger, Marieluise Fleißer und Else Lasker-Schüler. Nach seiner Wiederkehr ist Zimmermann nicht mehr der, der er war: Die Toten umdrängen, umschweben, umschwirren ihn; sie sind ein Teil seines Selbst geworden. «Lacht nur, lasse ich die Toten wissen, führt euch auf, wie ihr wollt. Euer Geschwätz sickert in mich ein, gut. Euer Gehabe wird mir von hoher Warte aus mitgeteilt, auch gut. Es geschieht im Schlaf wie im Wachen, ich bin vollkommen daran gewöhnt und bleibe dabei ruhig in mich versammelt. Bewohne nur noch bescheidene Teile meiner selbst, die anderen habe ich großzügig den Toten überlassen. Vergebens, sich gegen die Toten wehren zu wollen, wenn sie einen umzingeln. Besser, man bittet sie zu sich herein.» Die Toten machen fast immer ihre Anmerkungen zu Zimmermanns Rede; er hört sie nicht, aber wir, die Leser, bekommen ihre Worte Schwarz auf Weiß in die Hand, wenn es auch ein blasseres Schwarz ist, mit dem sich ihre Buchstaben von den auf die vertraute Weise gedruckten unterscheiden.

Wie ernst das Ganze gemeint ist, wage ich nicht recht zu entscheiden. Martin Mosebach liest – in seiner Laudatio auf die Preisträgerin der Literaturhäuser 2007 «die wichtigsten und schönsten Seiten von *Consummatus* als Zeugnis einer echten Vision, wie Clemens Brentano sie am Bett der Nonne Katharina Emmerich aufgezeichnet hat». Mit der Nennung des Namens der stigmatisierten Nonne wird auf den unübersehbaren religiösen Einschlag des Romans verwiesen. In jener anderen Welt kommt Jesus vor – auch die Jenseitsbewohner haben ihr Jenseits, eine Art Schwarzes Loch, das durch eine Schleuse mit einer in der Mitte sitzenden Schraube von ihnen getrennt ist. Keiner freilich traut sich an ihr zu drehen, obwohl es Jesus ist, der in diesem Abgrund, aus diesem Abgrund lacht und lockt.

Sibylle Lewitscharoff läßt, wie man sieht, ihrer die Grenzen unserer Wirklichkeit transzendierenden Phantasie die Zügel schießen, wogegen ich einiges einzuwenden *hätte*, wenn diese Exkursionen ins Überwirkliche nicht durch eine großartige Sprachgewalt gewissermaßen gebändigt würden. Sie werden es. Schon in ihrer mit dem Ingeborg Bachmann-Preis 1998 ausgezeichneten Erzählung «Pong» führt eine im wahren Wortsinn un-erhörte Sprachakrobatik in schwindelerregendem Steilflug über alle vertraute Alltagslogik hinaus – mit den Wildgänsen einer vor nichts haltmachenden Einbildungskraft begeben wir uns mit Pong, diesem neuen Nils Holgersson, in ein Reich des Imaginären, das wiederum seine eigene, unmittelbar einleuchtende Logik hat.

Umso erstaunlicher fand ich es, daß die Erzählerin in dem Roman «Montgomery», dem zwischen «Pong» und «Consummatus» angesiedelten Buch, souverän über alle Kunstgriffe einer realistischen Darstellung verfügt. Das Leben des seit Jahrzehnten in Rom lebenden Filmproduzenten Stahl-Cassini wird von einem klassischen Chronisten-Ich recherchiert und rekonstruiert, das allerdings im Unterschied etwa zu Serenus Zeitblom nur in einer kurzen Rahmenhandlung auftaucht. Ich will keinen Inhalt nacherzählen, nur sagen, daß hier mehrere Wirklichkeitssegmente in einer souverän gehandhabten Erzähltechnik miteinander verknüpft werden. Montgomery produziert einen Film über «Jud Süß», einen Antifilm zu dem scheußlichen Nazi-Propagandawerk, dem Lion Feuchtwangers Roman zur schlimm verfälschten Vorlage gedient hatte. «Montgomery» ist ebenso ein Rom-Buch wie eine aus intimer Kenntnis (woher hat die Autorin sie nur, fragte ich mich immer wieder voller Bewunderung) hervorgegangene Darstellung der Mechanismen einer Filmproduktionsstätte. Die Nazizeit spielt nicht nur über das Thema des Films, sondern auch über den schwäbischen Großvater des Helden herein, bei dem er aufgewachsen ist. Und diese sogenannte jüngste deutsche Vergangenheit verlängert sich nach rückwärts an der Schicksalslinie des historischen Joseph Süß Oppenheimer bis zum Jahr seiner Exekution auf dem Stuttgarter Hinrichtungsplatz 1738. «Cassini ärgerte», lesen wir, «die Heimtücke, mit der sie zu Werk gegangen waren, noch nach zweihundertfünfzig Jahren. Allesamt Beutelschneider, die sich zu kurz gekommen wähnten, Kirchenratsmitglieder, pietistische Geheimräte, Oberhofrichter, Oberhofkanzler und gewöhnliche Schranzen. Ihre Gemeinheit war in den Gesichtern der Nachfahren am Leben. All diese Bilfinger-, Gaisberg-, Harpprecht-, Zech-, Röder-, Wallbrunn- und Schützgesichter, sie waren zu besichtigen in der Tabakhandlung Gohl in der Epplestraße, beim Hundezüchter Haug in Hohenheim, bei den Lehrern Hitzacker und Spohn in der Albschule, beim Pfleiderer, sofern er selbst am Tresen stand, und bei den beiden Ramparter vom Baugeschäft Ramparter & Sohn. Sie redeten wie Eugen Raff, der Prokurist der Karl-Stahl-AG, und konnten schweigen wie der alte Stahl [das ist der Großvater], wenn er jemanden ins Bockshorn jagen wollte. In aller Ruhe hatten sie ihre haßerfüllten Suppen gekocht, und als sie endlich wieder am Ruder waren, Rache genommen gegen jedes Recht und Gesetz.»

Die Grenze zwischen damals und heute verfließt. Sibylle Lewitscharoff weiß, wovon sie schreibt, denn sie ist in Stuttgart geboren und aufgewachsen. Montgomery hat sich beizeiten davongemacht – zu seinem Onkel in Rom, dem Bruder seines italienischen Vaters, der als Jurist in den Diensten des Vatikans arbeitet. Da kommt nun die katholische Kirche ins Spiel – eine unheimlich intensive Haßliebe Montgomerys gilt dem Pacelli-Papst Pius XII. Der sehr sympathische Onkel wohnt, so wunderbar genau geht es in diesem Rom-Roman zu, in der Via del Mascherone Nr. 62, in dem Haus, an dessen Wand eine Tafel daran erinnert, daß hier 1830 mit 25 Jahren der deutsche Dichter Wilhelm Waiblinger gestorben ist – in Rom, wo er das Vaterland seiner Träume fand – «qui solamente felice». Wie oft stand ich mit Schülern, von der Piazza Farnese oder der Via dei Pettinari kommend, vor dieser Tafel, nicht nur weil aus ihr die ganze todestrunkene Italiensehnsucht der deutschen und englischen Poeten (und Maler!) der letzten zweihundertfünfzig Jahre – von Karl Philipp Moritz, John Keats, Shelley über Platen bis Rolf Dieter Brinkmann – spricht, sondern weil ich einen Kollegen und engen Freund namens Franz Waiblinger hatte, der seinerseits eines der schönsten Rombücher der letzten Jahre veröffentlicht hat. Zu meinem tiefen Kummer starb er dreiundsechzigjährig im Oktober des letzten Jahres.

Ich bin wieder bei «Consummatus». Wir alle werden mit fortschreitenden Jahren zu Brüdern eines Ralph Zimmermann, müssen uns damit abfinden, ob wir an ein Jenseits glauben oder nicht, mit immer mehr Toten zu leben.

Im Stillstand der Stunden

Dagmar Nick, 21. Oktober 2009

Eine frühe Erinnerung: Der Vierzehnjährige schneidet sich aus der «Neuen Zeitung» Gedichte von Dagmar Nick aus. Das war 1949. Er wollte auch so schöne schwermütige Verse schreiben, so treffende Reime finden. Besonders angetan hatten es ihm die verkürzten Zeilen, mit denen manche Strophen schlossen. Das gab ihnen etwas Unwidersprechliches.

> Sprich nicht mehr von den Toten. Unter Bergen
> von Schutt sind sie begraben. Grau und groß
> steht über ihren Stein- und Balkensärgen
> ein: Namenlos.

Das ist eine Strophe aus Dagmar Nicks erstem Gedichtband «Märtyrer», der bereits 1947 erschienen war. Damals war die Dichterin einundzwanzig Jahre alt. Sie war, als ich sie wahrnahm, also schon berühmt. Mit neunzehn Jahren sah sie sich am 18. Oktober 1945 in der Eröffnungsnummer der «Neuen Zeitung» gedruckt, der seinerzeit unter amerikanischer Regie stehenden tonangebenden Tageszeitung. Das Gedicht «Flucht» war, so vermutet Reinhard Wittmann, «wohl das erste Gedicht, das im Nachkriegsdeutschland veröffentlicht wurde». Bald rissen sich die Zeitungen und Zeitschriften um ihre Verse. Das Gedicht «Sterne», aus dem ich vorhin die zweite Strophe zitierte, am 4. Februar 1946 auf zwei Blättchen dünnes Klopapier im ungeheizten, unbeleuchteten Zug von München nach Lenggries, wohin es die Flüchtlingsfamilie verschlagen hatte, geschrieben, wurde nach seinem durch den NZ-Feuilleton-Chef Erich Kästner beförderten Erstdruck unzählige Male nachgedruckt, stand in fast allen deutschen Blättern von Schleswig bis zum Bodensee, erschien in Anthologien und Schulbüchern. Das erste Gedichtbändchen, um das sich Rowohlt, Desch und andere Verlage beworben hatten und das schließlich im Münchner Drei Fichten Verlag herauskam, mußte schnell wieder aufgelegt werden und zog 1948 – da ist die Autorin zweiundzwanzig – den Hamburger Liliencron-Preis nach sich. Der frühe Riesenerfolg hatte, wie könnte es anders sein, seine Schattenseite. «Im Laufe der Zeit», schreibt Dagmar Nick, «gewöhnte ich mich daran, wie das alles so von selber lief, was mir letztlich nicht gut bekam, da ich nicht den geringsten beruflichen Ehrgeiz entwickelte.»

Der ging dann in eine andere Richtung. Sie wurde nach drei Lehrjahren eine geprüfte und vielfach konsultierte Graphologin. Dies nur am Rande. Immerhin war ich doch etwas beunruhigt, als ich das vor einiger Zeit las. Da richtet man arglos an die verehrte Dichterin handschriftliche Briefe und ahnt nicht, daß man sich einem geschulten psychologischen Blick ausliefert und wohl längst schon bis zum Seelengrund durchschaut ist.

Gewiß war es klug, dem lyrischen Debüt erst acht Jahre später einen zweiten Band folgen zu lassen («Das Buch Holofernes»). Insgesamt habe ich bis zu den «Schattengesprächen» von 2008 vierzehn Gedichtsammlungen gezählt. Der Rimbaud-Verlag in Aachen hat nahezu das vollständige Werk Dagmar Nicks, auch die Hörspiele und Prosabücher wieder aufgelegt: Das Oeuvre ist wie wenig andere präsent.

Bemerkenswert scheint mir, daß der frühe Ruhm das Talent der Lyrikerin nicht erstickt hat, daß dieses Talent sich stärker erwies als die Windungen und Wendungen, die ein langer und sehr verschlungener Lebensweg mit sich brachte. Es wäre Aufgabe einer Monographie, den Verlauf der künstlerischen Entwicklung der Dichterin zu zeichnen. Es gibt manche Konstanten und ganz enorme Sprünge – das Wort im doppelten Sinn genommen, dem des Vorwärts- oder doch Weiterkommens, aber auch dem des durch Sprünge Gezeichneten Wenn man diese so gar nicht gerade, an Unterbrechungen, Abbrüchen, überraschenden Ausschlägen reiche Linie auf eine – unzulängliche – Formel bringen will, könnte man von einer zunehmenden Kühnheit, Unerbittlichkeit, Radikalität der Selbstrechenschaft sprechen. Immer weniger dient das Gedicht der Harmonisierung der Unstimmigkeiten, Schrecken, Gewaltzumutungen, die uns die Wirklichkeit beschert. Die Gedichte Dagmar Nicks gleichen schonungslosen Spiegeln, in denen sich das Ich zusammen mit dem Weltausschnitt, in den es eingefügt ist, ohne Rückendeckung, ohne Schminke gegenübertritt. In den letzten Bänden finden sich großartige Altersgedichte. Ein Beispiel aus dem Band «Schattengespräche»:

Zukunft

Im Glücksfall ein Blitzschlag
herzabwärts. Kein Ritardando.
Nur ein hingefetzter Akkord.
Wie lange wird er mir nach-
schrillen auf meinem Weg
aus der Schmerzwolke des Sterbens
zum Bleibeort. Wie lange,
bis meine Knie die Kriechspur
der mir Vorangegangnen erreichen
und ich mich hinschleppen werde
in hündischer Demut, brandwund und
verdurstet zum Ufer der Lethe,
um an dieser Tränke Vergessen
zu schlürfen, vergessen zu dürfen.
Ein Leben vergessen.

Gewisse Leitmotive ziehen sich durch das ganze Werk, aber sie sind von der Art, daß sie die Steigerung zum Unbedingten nicht nur zulassen, sondern nach ihrer inneren Logik geradezu erzwingen. Eines dieser Leitmotive ist «Flucht», ein anderes ihm nahe verwandtes ist «Metamorphose». «Immer hab ich das Weite gesucht, / ehe die Brücken hinter mir / brannten, immer die Horizonte / jenseits der Horizonte ...» Dabei ist dieses Aufunddavon, ist diese Verwandlungssehnsucht eng an die Fähigkeit des Fliegens gebunden; Fliehen und Fliegen gehören zusammen. So heißt es im Band «Im Stillstand der Stunden»:

> Fliegen
> Ein Lichtspalt,
> eine Stimme oder auch nur
> eine winzige Wolke
> mir unterm Fuß –
> und schon hebe ich ab,
> laß meinen Schatten
> zurück, meine Scheinbarkeit,
> ein paar Daunen.
>
> Ich verlerne das Fliegen
> nicht, um der Liebe willen.
> Und
> um der Liebe willen
> kehre ich wieder
> in dein durchlittenes Lächeln,
> meine Fluchtverhinderung,
> mein Nest.

Sehr viele, die meisten Gedichte Dagmar Nicks sind Liebesgedichte. Man könnte die Zeilen: «Ich verlerne das Fliegen/nicht, um der Liebe willen» so auffassen, daß auch die stärkste Liebesbindung nicht ausreicht, die Bereitschaft dieses Ich zu Abschied und Aufbruch aufzuheben. Dann müßte man freilich das Komma vor «um der Liebe willen» streichen. *Mit* dem Komma ist es gerade die Liebe, die sich dem Verlernen des Fliegens verweigert. Fünf Zeilen später wird das Lächeln des Geliebten allerdings «meine Fluchtverhinderung» genannt. Die Spannung zwischen einer zur Immerwiederkehr nötigenden Treue und dem unstillbaren Drang zur Trennung, der Lust, sich der Verwandlung in eine neue Daseinsform auszusetzen, beherrscht große Strecken im lyrischen Gelände dieser Dichterin.

Wenn ich vorhin vom Weltausschnitt sprach, von dem, was jeweils an Welt mittransportiert wird, wenn ein lyrisches Ich in Erscheinung tritt, könnte das die irrige Vorstellung erwecken, diese Welt sei subjektiv eng begrenzt. Davon kann im Fall der Dagmar Nick nicht die Rede sein. Eine kosmische Dimension ist vielen ihrer Gedichte immanent. Ich denke vor allem an den Band «Sternfährten – Gefährten» von 1993. Hier gelten die Gesetze einer anderen, der poetischen Astrophysik.

Sind Gedichte das Ergebnis eines irreversiblen Prozesses? Strenge Kunstrichter (um Lessings Ausdruck zu gebrauchen) verfechten diese Theorie. Der Weg vom Leben ins Gedicht ist eine Einbahnstraße, es führt kein Weg zurück. Dagmar Nicks Werk lehrt, wenigstens ich verstehe es so, das Gegenteil. Der Weg vom Erleben zum Ausdruck, lernt man, kann auch in umgekehrter Richtung gegangen werden. Ein 1947 in der «Neuen Zeitung» veröffentlichtes Gedicht «Klage» löste die Nick-übliche Flut von (männlichen) Zuschriften aus; darunter war eine einzige, die der jungen Dichterin tieferen Eindruck machte. Der Briefwechsel, der sich daraus entspann, hatte die Heirat mit dem Dramaturgen und Übersetzer Robert Schnorr zur Folge. Die Arbeit an ihrem ersten «richtigen» Buch «Einladung nach Israel» – Dagmar Nick war Teilnehmerin der ersten offiziellen deutschen Reisegruppe, die nach dem Krieg, am 27. Dezember 1959, nach Israel flog – zog die Bekanntschaft mit ihrem zweiten Mann, dem in dem am Mittelmeer gelegenen Badeort Nahariya praktizierenden Arzt Peter Davidson nach sich. Und der Sommer des Jahres 1966, der Recherchen in Rhodos für das zweite «Einladungs»-Buch diente, führte durch die Begegnung mit Kurt Braun zum Beschluß, ihr Leben zu ändern. Es herrscht eine auffallende Korrespondenz zwischen dieser abenteuerlichen, mit bewundernswerter Tapferkeit bestandenen Vita und dem reichen, so polyphonen Werk.

Dieses umfaßt neben den Gedichten, die ich als sein Herzstück betrachte, die Bücher über Israel, Rhodos, die ägäischen Inseln, Sizilien – es sind ebenso poetische wie existenzielle Lebensbücher, da und dort mit den Griechenlandbüchern des anderen Kästner, Erhart Kästner, vergleichbar. Über Dagmar Nicks Umgang mit dem griechischen Mythos und der alttestamentarischen Überlieferung wäre ein eigener Vortrag zu halten; die Gedichte sind voll von entsprechenden Anspielungen und unmittelbaren Bezügen. Drei Prosabücher gehören schon mit ihren Titeln in diesen Umkreis: «Medea, ein Monolog» (1988), «Lilith, eine Metamorphose» (1992), «Penelope, eine Erfahrung» (2000).

Die schwere Krankheit und der Verlust des dritten Mannes nach dreißigjähriger Ehe wird zur Quelle des wichtigsten Teils des Werkes: Hier findet Dagmar Nick zu jener «Trauer ohne Tabu», die großen Texten auch sonst zugrunde liegt. «Trauer ohne Tabu» ist der Titel eines Zyklus, der dem Tod des Mannes nach fünfzehnjähriger Leidenszeit gilt; aber es ist auch der heimliche Titel, der über dem Spätwerk der Autorin insgesamt steht.

Auf der Treppe

Thomas Hürlimann, 21. April 2010

Die Erde bebt. Nicht nur in Haiti, Chile, vielleicht demnächst in San Francisco. Auch die katholische Erde bebt an allen Ecken und Enden: Es kommen auch wieder andere Zeiten. «Wer spricht von Siegen? Überstehn ist alles.»

Lissabon ist heute wieder eine blühende Stadt. Aber das

Erdbeben, das sie am 1. November 1755 zerstörte, hatte ein geistiges Beben zur Folge. Der vom Glauben an einen allmächtigen, gerechten, gütigen Gott fundierte Optimismus im Hinblick auf die beste aller denkbaren Welten, in der wir leben, war ins Wanken geraten. Die Theodizee-Frage, die Leibniz 1710 definitiv gelöst zu haben schien, stellte sich aufs Neue. Voltaire schreibt im Vorwort zu seinem Gedicht «Das Erdbeben von Lissabon»: «Das Axiom ‹Alles ist gut› (‹tout est bon›) kommt jenen, die Zeugen dieser Katastrophe waren, ziemlich seltsam vor.» Das «Axiom» stammt aus Alexander Popes «Essay on Man», es war zwanzig Jahre jünger als die Leibnizsche «Theodizee».

Der sechsjährige Goethe war, laut «Dichtung und Wahrheit», durch das außerordentliche Weltereignis nicht wenig betroffen. «Gott, der Schöpfer und Erhalter des Himmels und der Erden, den ihm die Erklärung des ersten Glaubensartikels so weise und gnädig vorstellte, hatte sich, indem er die Gerechten mit den Ungerechten gleichem Verderben preisgab, keineswegs väterlich bewiesen.» Hundert Jahre nach Leibnizens Tod war dann – bei Schopenhauer – aus dem philosophischen Optimismus gar eine «ruchlose Denkungsart» geworden.

Mich hat immer gewundert, daß ein einzelnes Ereignis die Kraft hatte, solche Denk-Erschütterungen hervorzurufen – nur weil es zufällig in den Erfahrungshorizont der Kommentatoren fiel. Als ob zum Beispiel der verheerende Ausbruch des Vesuv im Jahre 79 nicht schon längst genau dieselben Fragen hätte aufwerfen können wie die von Lissabon. Aber schon der griechische Schriftsteller Lukian (2. Jh. n. Chr.) weiß zu sagen, daß der Vater eines neugeborenen Kindes sich in seiner Freude nicht beeinträchtigen läßt, wenn er den

Nachbarn seinen Sohn zu Grabe tragen sieht; erst wenn das eigene Kind stirbt, erscheint ihm der Tod in seiner ganzen bedrohlichen Präsenz. Auch Hiob hadert mit Gott erst, als das Unglück ihn persönlich trifft.

Von der Bibel, von Lukian, Voltaire und Goethe zu Thomas Hürlimann. In seinem 1998 erschienenen Roman «Der große Kater» findet sich in der Rückblende auf die Kindheit des Schweizer Bundespräsidenten, der Hauptfigur des Buches, eine den angesprochenen Sachverhalt wunderbar gestaltende Episode. Das spätere Staatsoberhaupt kommt aus den sogenannten einfachen Verhältnissen: Er wächst in einem Seedorf unter Fischern auf, und als sich vom Schmiedehandwerk des Vaters nicht mehr leben läßt, fährt auch er hinaus, um zu fischen. Die schlimmsten Feinde dieser Erwerbsart sind die hungrigen Katzen, die am Ufersteg über die Beute herfallen, und einmal muß der Bub erleben, wie der Vater ein Kätzchen mit voller Wucht zu Boden schmettert. Der Kleine hebt das sterbende Tier auf und trägt es ins Haus. Wimmernd schiebt es Vorderpfoten und Köpfchen auf den Rand des Tellers mit Wasser, den das Kind ihm vorgesetzt hat, ein Bild des unschuldigen Leidens der Kreatur. Das ist der Moment für die Theodizee-Frage: «Herrgott im Himmel, betete der Bub, du bist doch allgütig. Warum läßt du so ein Leiden zu, so ein qualvolles, sinnloses Sterben?»

Er nimmt dann das Kätzchen in sein Bett, legt es auf seinen Bauch, und nun ereignet sich eine mythische Einswerdung von Mensch und Tier: «Der Bub war in die Katze gekrochen und die Katze in den Buben.» Das Kätzchen wird gesund, und noch der Bundespräsident heißt «der große Kater». Für dieses Mal war das vom Vater gefürchtete Nichts, «der große Niemand» zum Abzug gezwungen worden.

Aber es ist nur ein Aufschub. Freilich einer, der zuläßt, daß in der gewonnenen Zeit ein Mensch erwachsen wird und Karriere macht. Er wird ein führender Politiker – oder auch ein großer Schriftsteller. Am Anfang steht die Begegnung mit dem Tod. Thomas Hürlimanns neun Jahre jüngerer Bruder starb am 7. Februar 1980 zwanzigjährig an Knochenkrebs. Ein Datum wie der 1. November 1755. Eine grund-legende Erfahrung, die ihn zum Schreiben bringt, zwingt; das Schreiben als Notwehr gegen den großen Niemand.

Hürlimanns erstes Buch «Die Tessinerin» erschien 1981, im Jahr nach dem Tod des Bruders. Der Autor, in der schweizerischen Stadt Zug geboren, deren Name nach einer bestimmten Kirschtorte schmeckt, war damals immerhin schon dreißig Jahre alt. Das kleine, sechs Geschichten enthaltende Buch machte Furore. Die Geschichte «Die Tessinerin» erzählt das Sterben einer Lehrersfrau in einem ziemlich gottverlassenen Nest oberhalb von Einsiedeln. Dieses Sterben hat für mich die narrative Eindringlichkeit der berühmtesten aller Sterbegeschichten der Weltliteratur: von Tolstois «Tod des Iwan Jljitsch». Bei Hürlimann liest man: «Wer in einem Sterbehaus an einem Sterbebett sitzt, wer in seinem Hirn nach Wörtern sucht, um nicht verrückt zu werden und zu grinsen wie ein Blöder, der erfährt ob er nun der Euteler Lehrer sei am Bett seiner Frau oder ich am Bett meines Bruders (worüber ich schreiben wollte und nicht schreiben kann), daß ein sterbender Mensch einem fremd wird, weil er Stille erzeugt – eine feierliche Stille.» Diese Stille beim Erzählen noch einmal zu erzeugen, ist die in der Geschichte entfaltete Kunst ihres Autors. Aber ich zitierte die Passage wegen der Klammer: «worüber ich schreiben wollte und nicht schreiben kann». In seiner Laudatio auf Hürlimann, als dieser 1995 den Weilheimer Literaturpreis erhielt, den schönsten aller Literaturpreise, weil er von Jugendlichen, einer Schülerjury des Weilheimer Gymnasiums, verliehen wird, hat Martin Walser dieses Ausweichen des Schriftstellers auf einen Parallel-Schauplatz so charakterisiert: «Je wichtiger das Thema, desto indirekter die Mitteilung, je indirekter die Mitteilung, desto vollkommener der Ausdruck.»

Die indirekte Behandlung eines zentralen biographischen Ereignisses hat dann auch die Konsequenz, daß es mit ihr nicht ein für allemal getan ist, sondern immer neue Variationen des Ur-Themas hervorgetrieben werden. So spielt der Tod des Bruders in zahlreichen, ja ich glaube in den meisten Texten Hürlimanns eine wesentliche Rolle. Auch da, wo der Bruder als kleiner Bub auftritt, steht er schon andeutungsweise im Schatten des späteren Todes.

Nicht nur als der Überlebende einer so hautnah erfahrenen Katastrophe ist Hürlimann zum Schriftsteller geworden, sondern auf eine noch weniger mittelbare Weise. Am Bett des Bruders sitzend, schrieb er ein Theaterstück, «Großvater und Halbbruder», das im Oktober 1981 im Schauspielhaus Zürich uraufgeführt wurde. Endlich schien sich sein Lebenswunsch, ein Dramatiker zu werden, erfüllt zu haben. Aber war das Stück wirklich von ihm? War es nicht vielmehr das Stück des sterbenden Bruders, dem er es abgelauscht hatte? Es gab zwei Möglichkeiten der Reaktion: entweder mit dem Schreiben aufzuhören oder das wirklich eigene Werk noch zu schreiben. Hürlimann hat sich gottlob für letzteres entschieden, und so entstand neben den ersten drei Prosawerken, der «Tessinerin», der Novelle «Das Gartenhaus» (1989) und dem Geschichten-Band «Die Satellitenstadt» (1992) eine Reihe von Theaterstücken (u.a. «Stichtag», «Der letzte Gast»,

«Der Gesandte», «Das Lied der Heimat», «Der Franzos im Ybrig», «Das Einsiedler Welttheater», «Synchron»). Die meisten waren erfolgreich. Einer der treuesten publizistischen Gefolgsleute Hürlimanns, der Münsteraner Professor für Kulturpädagogik Hans-Rüdiger Schwab (den Hürlimann in seiner berühmten Novelle «Fräulein Stark» in der Sankt Gallener Stiftsbibliothek unter die «edelsten Geister des Abendlandes» versetzt hat), findet sogar den Theaterdichter von allen schreibenden Hürlimännern den wichtigsten. Der Lippizaner, der auch nach seiner Trennung von dem kleinen Zirkus, zu dessen Ensemble er gehörte, vor Arbeitern Feierabend für Feierabend tanzt, weil er, wie der Vorarbeiter erklärt, «Applaus braucht», hatte den übel verrissenen Komödiendichter ermutigt, auch ohne Applaus weiterzumachen. Die Geschichte «Applaus für ein Pferd» ist aber fast zwanzig Jahre alt. Inzwischen scheint Hürlimann die Lust am Stückeschreiben verloren zu haben – wir hoffen, vorübergehend.

Zum Glück nicht der Prosaschriftsteller. Nach dem «Großen Kater» erschien die schon erwähnte Novelle «Fräulein Stark» (2001) und 2006 das für mich schönste Buch Hürlimanns: der Roman «Vierzig Rosen». Die Familiengeschichte, aus der dieser Autor von Anfang an schöpft, wird auch in diesem Buch um- und neugeschrieben. Während «Der große Kater» den Vater in den Mittelpunkt stellt (denn tatsächlich ist Hürlimann der Sohn des schweizerischen Bundesrats und zeitweiligen Bundespräsidenten), sind die «Vierzig Rosen» der Mutter gewidmet – wobei es sich natürlich nicht um biographische Service-Leistungen handelt. Es ist umgekehrt: Zeitumstände, Szenerie, Personal der Familiengeschichte: die Eltern, der Bruder, der geistliche Onkel, der Großvater, das Haus der Mutter in Zug, die Stadt Bern, die Stiftsbibliothek zu Sankt Gallen, das Kloster Einsiedeln, wo die Kaiserin Zita, von den Zöglingen begutachtet, zur jährlichen Beichte erscheint, die Nazizeit, die an der Schweiz keineswegs so spurlos vorübergegangen ist, wie wir dachten, als wir zum ersten Mal nach dem Krieg in das unversehrte Zürich, das unversehrte Bern kamen: Sie alle dienen Thomas Hürlimann als Anlaß und Stoff seiner begnadeten Erzählkunst.

Ich sprach anfangs vom Erdbeben und seiner Ausschläge auf der Denker- und Dichterskala. Zu diesen Erschütterungen gehören auch Zeiterscheinungen wie der allgegenwärtige Mißbrauch der Macht und die digitale Diktatur, die ihrerseits die Spitze bildet der Vernichtung der Schöpfung durch den Fortschritt. Hürlimann ist auch ein bedeutender Essayist. Ich denke da vor allem an eine großartige Rede, die er 1994 vor der Freien Akademie der Künste zu Leipzig gehalten hat: «Der Kosmopolit wohnt im Kosmos». Das ist griechisch. Wir Heutigen sind dazu verurteilt, in der Fläche zu leben, der Aufblick in die schwindelerregende Kuppel (nicht nur die der Klosterkirche zu Einsiedeln) ist als Illusion durchschaut, unsere metaphysischen Antennen «zappeln ins Leere». Zurück hinter Descartes (dessen Cogito-sum die Welt zu unserem Objekt zusammenschrumpfen ließ), hinter die imperialistischen Römer zu den Griechen mit ihrer Ehrfurcht vor den Dingen als Phänomenen? Das ist unmöglich. Der Weg, der aus dieser Misere führt, kann für den Schriftsteller nur die Erinnerung sein: die Erinnerung an das Verlorene, die erinnernde Trauer über dieses Verlorene. Die Erinnerung ist der Weg über eine Treppe. Er geht hinunter in die Vergangenheit, aber der Abstieg wird doch angetreten in der Hoffnung, daß diese Treppe auch nach oben führen könnte in eine weniger trostlose Zukunft.

Lebenstapferkeit

Inge Jens, 28. Oktober 2010

Tübingen, Sommer 1955. Der seinerzeit zwanzigjährige Student der Altphilologie, der heute Abend in diesen heiligen Hallen die von ihm seit damals durch fünfeinhalb Jahrzehnte immer mehr verehrte Inge Jens begrüßen darf, hatte unter seinen Lehrern einen ungewöhnlich jungen: den zweiunddreißigjährigen Verfasser einer Abhandlung über «Hofmannsthal und die Griechen» und, was ihn für den von starkem Genieverdacht geplagten Schreibanfänger viel interessanter machte, von im Rowohlt Verlag erschienenen Erzählungen und Romanen, deren jüngster mit dem Titel «Der Mann, der nicht alt werden wollte» druckfrisch in den Tübinger Buchhandlungen (Gastl hieß die fast täglich frequentierte) auslag. Es war aufregend, Seminare über Sappho und Tacitus zu besuchen – in der wunderbaren Alten Aula in unmittelbarer Nähe des Hölderlinturms und des Stifts – und gleichzeitig zu wissen, daß der Dozent Walter Jens zur Gruppe 47 gehörte. Und noch aufregender war es, in einer der Tübinger Gassen seiner Frau zu begegnen, die ihren zehn Monate alten Sohn im Kinderwagen spazieren fuhr. Großgewachsen, gertenschlank, hanseatisch vornehm, strahlend jung und schön, fiel sie so völlig aus dem Rahmen der meist etwas hausbackenen Matronen, die wir – meine sogenannten Kommilitonen und ich – als Gattinnen unserer Professoren zu begrüßen gewohnt waren.

Natürlich war sie als Frau eines unserer Lehrer sakrosankt und gehörte doch, eine Achtundzwanzigjährige, auch wieder zu uns. Alles war Gegenwart. Das vom Krieg völlig verschonte Tübingen ließ keinen Gedanken an ein nur zwölf, dreizehn Jahre zurückliegendes Inferno aufkommen, an die vernichtenden Luftangriffe auf Hamburg, die die in dieser Stadt Geborene als Heranwachsende hautnah erlebt hatte – man lese dazu das erste Kapitel ihrer vor einem Jahr nicht zufällig bei Rowohlt herausgekommenen «Unvollständigen Erinnerungen». Hamburg zählt zu den schon früh bombardierten deutschen Städten. Man kann sagen, daß vielleicht nie vorher in der Geschichte, vom Dreißigjährigen Krieg einmal abgesehen, der Krieg derart massiv das Leben von so vielen Menschen bedrohte und zerstörte, die zuhause geblieben waren – der Unterschied zwischen Front und Heimat war weitgehend aufgehoben. Mir war zehn Jahre nach dem

Mai 1945 nicht bewußt, daß ich schon einer ganz anderen Generation angehörte, für die der Krieg eine nicht unbedingt traumatische Kindheitserinnerung war.

Die erst später, in den sechziger Jahren, einsetzende Beschäftigung mit der Vergangenheit bezog sich denn auch hauptsächlich auf die schwer begreiflichen Umstände, unter denen das nationalsozialistische Terror-Regime in Deutschland möglich geworden war. Für Inge Jens war weniger die Diktatur als der Krieg die prägende Impression, und es bedurfte eines längeren tiefgreifenden und – wieder sei auf ihre Erinnerungen verwiesen – exemplarischen Lernprozesses, anhand von Erfahrungen, die ihrem eigenen Erleben entgegengesetzt waren, und im Hinblick auf deren gesellschaftliche Voraussetzungen das Gespür für die geistigen und politischen Fragen zu entwickeln, mit denen die deutsche Geschichte der ersten Hälfte des zwanzigsten Jahrhunderts die Überlebenden konfrontiert. Daneben blieb freilich der Krieg als entsetzlichster Rückfall der Menschheit in die Barbarei nach wie vor Maxime eines Handelns, das ihm mit allen zur Verfügung stehenden Mitteln entgegenwirkt. Die Verteidigungsrede von Inge Jens vor Gericht im Mutlangen-Prozeß, auf den Seiten 181–186 ihrer Erinnerungen abgedruckt, liefert das eindrucksvollste Zeugnis.

Auch das ihrer Vaterstadt benachbarte Lübeck wurde früh, schon 1942, von englischen Fliegerverbänden heimgesucht. Einer seiner berühmten Söhne, von den verbrecherischen und ausschließlich am Krieg schuldigen Machthabern aus Deutschland vertrieben, ließ sich aus den USA in einer Sonder-Sendung seiner Rundfunkbotschaften wie folgt dazu hören: «(…) lieb ist es mir nicht zu denken, daß die Marienkirche, das herrliche Renaissance-Rathaus oder das Haus der

Schiffer-Gesellschaft sollten Schaden gelitten haben. Aber ich denke an Coventry [ein Jahr zuvor hatten deutsche Flieger Coventry in einem bis dato beispiellos brutalen Angriff zerstört] – und habe nichts einzuwenden gegen die Lehre, daß alles bezahlt werden muß.»

Relativ spät erst hat Inge Jens die Stimme Thomas Manns, nicht des ihr längst vertrauten Erzählers, sondern die des politischen Schriftstellers vernommen und ernst genommen und durch ihre kongenialen Kommentare zu Thomas Manns Tagebüchern eine große Leserschaft ernst zu nehmen gelehrt. Die Einsicht, daß alles bezahlt werden muß, ist nichts als der Inhalt des Gerechtigkeits-Begriffs, aber dieses «nichts als» hat es in sich. Es zwingt das vernünftige Denken zu der ungeheuren Anstrengung, den zahllosen geistes- und realgeschichtlichen Dispositionen, Bedingungen, Zusammenhängen nachzugehen, die zu den welterschütternden Vorgängen der deutschen Zeitgeschichte geführt haben. Die Faszination, die zeitgeschichtliche Dokumente – Briefe, Berichte, Tagebücher, Biographien, historisch korrekt erzählte Romane – schon auf die junge Inge Jens ausübten, verdrängte das ursprüngliche medizinische Berufsziel und die spätere Absicht, Lehrerin zu werden.

Ihre Leistung als Herausgeberin und Kommentatorin von fünf Tagebuchbänden Thomas Manns ragt als Gipfelgruppe im Gebirgszug ihrer editorischen Taten hervor, Wundertaten der Hermeneutik, die dem Verstehen auf die Sprünge helfen, weil sie den geschichtlichen Ort der jeweiligen Lebenszeugnisse ausleuchten. Es sind, weiß Gott, keine beliebigen Zeugnisse, denen diese im Recherchieren unermüdliche, im Finden begnadete Erschließungskraft gilt, sondern solche von höchstem Beispielsrang wie die Briefe Thomas Manns an Ernst Bertram, die Briefe und Aufzeichnungen der Geschwister Scholl und Willi Grafs und die Briefe des dem Bann seines Meisters Stefan George sich unter schweren Blessuren entwindenden Max Kommerell.

Im Zusammenhang mit Max Kommerell spricht Inge Jens vom «Preis der Verweigerung». Verweigerung ist ein ambivalenter Begriff. Ihre Kommentare, Essays, ihr Standardwerk über die Sektion für Dichtkunst an der Preußischen Akademie der Künste kreisen um dieses Thema. Sich der herrschenden Macht zu verweigern, kann die höchste intellektuelle und moralische Leistung sein; es kann aber auch einem verhängnisvollen Hochmut des Geistes gegenüber der Politik entspringen. Da ist Inge Jens bei Thomas Mann im Negativen (nämlich beim Verfasser der «Betrachtungen eines Unpolitischen») wie vor allem im Positiven (nach seiner Wandlung zum engagierten Kämpfer gegen den «Hakenkreuz-Unfug» schon in den frühen Jahren der Weimarer Republik) in eine höchst lehrreiche Schule gegangen, die ihren Niederschlag in einer bewundernswerten Lebenstapferkeit und im Engagement für Aufklärung und, wenn es sein muß, Widerstand gefunden hat.

Schließlich durfte sich die glänzende Essayistin mit der nicht minder virtuosen Erzählerin in drei (gemeinsam mit Walter Jens verfaßten) Büchern über drei Mitglieder der Familie Pringsheim zusammenfinden. Da ist die Biographie über Katia Mann, ihre Mutter Hedwig Pringsheim und die traurige, aber fesselnde Geschichte vom schwarzen Familienschaf Erik Pringsheim, Katias ältestem Bruder. Wer hätte nach diesem Schlußstück der Pringsheim-Trilogie gedacht, daß die Achtzigjährige noch anfangen würde, ihr persönlichstes Buch zu schreiben, eben die 2009 veröffentlichten Erinnerungen. Damit hat sie den Lebenszeugnissen als den Objekten ihres jahrzehntelangen enorm fruchtbaren Interesses ein subjektives Produkt von hoher exemplarischer Bedeutung hinzugefügt. Das nenne ich Krönung eines Lebenswerks – was nicht heißen soll, daß es abgeschlossen wäre. Vollendung, die keine Zukunft mehr zuließe, wäre unmenschlich. Und Menschlichkeit, Humanität im besten Sinne, also ganz ohne peinliches Edelmenschentum, spricht aus allem, was die Schriftstellerin Inge Jens in einem halben Jahrhundert mit bewunderungswürdiger Konsequenz geleistet hat.

Merlins Gegenwart

Tankred Dorst, 31. Mai 2011

In seinen «Wilflinger Erinnerungen» berichtet Heinz Ludwig Arnold, er sei mit Ernst Jünger – ich weiß, daß es sich um keinen Lieblingsautor von Tankred Dorst handelt; es geht um das Exempel – auf dem Ulmer Bahnhof gestanden, wo sich wegen einer Verspätung eine große Menschenmenge angesammelt hatte. «Jünger, im grauen Mantel, Hut, eine Aktentasche in der Hand, von einem mittleren Beamten kaum zu unterscheiden», habe, auf die Leute deutend, gesagt: «Nigromontan ist unter ihnen, und sie wissen es nicht.»

Nigromontan figuriert in Jüngers Werk als ein weiser, etwas geheimnisvoller Lehrer. Natürlich meinte der Sprechende sich selbst, der unerkannt, unbemerkt im Gedränge stand. Ich wandle das jetzt ab und sage: «Merlin ist unter ihnen, und sie wissen es nicht.» Gemeint ist dieses Mal der Dichter des 1981 am Düsseldorfer Schauspielhaus uraufgeführten, Anfang 1982 von Dieter Dorn an den hiesigen Kammerspielen inszenierten Dramas «Merlin oder Das wüste Land». Und die Unwissenden sind natürlich nicht Sie, meine verehrten Damen und Herren, die Sie zu dieser literarischen Maiandacht in die Katholische Akademie gekommen sind, sondern ganz generell die Münchner. Immerhin lebt Tankred Dorst seit nahezu sechzig Jahren in dieser Stadt: einer der größten, weltweit gespielten lebenden Dramatiker, er wohnt zusammen mit Ursula Ehler hier gewissermaßen um die Ecke, aber die Stadt macht keineswegs das Aufheben, das diese Gegenwart verdient.

Am 15. Dezember vergangenen Jahres wurde Dorst 85 Jahre alt. Ich hätte erwartet, daß *beide* großen Münchner Theater Dorst-Stücke spielen. Nichts dergleichen. Dafür inszenierte man in Vietnam eine grandiose Aufführung von Dorsts «Parzival». Und statt stolz darauf zu sein, daß nicht ein weithergeholter, sondern unser hiesiger «Nigromontanus» den letzten Bayreuther «Ring» inszenierte, hatte die Münchner Presse, angeführt von der Süddeutschen Zeitung, nichts Besseres zu tun, als seine Arbeit bei jeder Gelegenheit mit Geringschätzung (um schlimmere Ausdrücke zu vermeiden) abzutun. Ich komme darauf noch zurück.

Die trotz mancher, wie ich finde: selbstverständlicher städtischer Ehrungen (der Kulturelle Ehrenpreis der Stadt München kam reichlich spät, für den Achtzigjährigen, 2006, sechzehn Jahre nach dem Büchnerpreis) ungenügende Resonanz, die dem Jahrhundertdramatiker Tankred Dorst in München zuteil wird, hat freilich auch etwas mit ihm selbst zu tun und zwar mit Eigenschaften, die zu den bei Schriftstellern seltensten und nicht hoch genug zu rühmenden gehören. Tankred Dorst macht nämlich weder von seinem Werk noch von seinem Weltruhm noch von seiner Person besonderes Aufheben. Sie kennen wohl die Anekdote von dem Autor, der einen Besucher zunächst mit einem Wortschwall über seine Bedeutung und seine Erfolge eindeckt, um nach einer halben Stunde innezuhalten mit der Frage: «Aber nun zu Ihnen. Wie hat Ihnen mein letztes Buch gefallen?»

Nein, Tankred Dorst ist von solcher Ichbesessenheit (die etwas anderes ist als Künstleregoismus) unendlich weit entfernt, und das ist mehr als eine sympathische Charaktereigenschaft. Seine Uneitelkeit hat etwas zu tun mit der Substanz seines Werks. Schon die Tatsache, daß seit Jahrzehnten unter dem Titel seiner Stücke seine Frau Ursula Ehler als Mitarbeiterin genannt wird, wäre undenkbar bei übertriebenem Schöpferstolz. Auch bei der Inszenierung des Bayreuther «Ring» hielt er's nicht anders. In einem Interview antwortete er auf die Frage: «Sie führen gemeinsam Regie?» «Wir arbeiten halt zusammen, so wie wir's immer machen.»

Die Fähigkeit zur Zusammenarbeit mit anderen erstreckt sich auch auf die Regisseure und teilweise noch auf die Darsteller seiner Stücke: In der Auseinandersetzung und im dialogischen Zusammenfinden mit seinen Regisseuren: mit

Peter Zadek, Peter Palitzsch und Robert Wilson vor allem, sind viele Theaterstücke erst das geworden, was sie sind. Die Abfassung des Textes in der Schwabinger Wohnung ist nur eine erste Station auf dem Weg der Werk-Genese, die bei den Theaterproben ihre Fortsetzung findet.

Die Wirkung des sich als Person Zurücknehmenkönnens geht aber noch weiter. Sie äußert sich in zwei wesentlichen Charakterzügen seines ebenso umfangreichen wie reichhaltigen Werks. Der eine ist dessen Vielstimmigkeit. Ich greife nur den auf den ersten Blick fast unglaublichen Unterschied zwischen dem Zyklus der sogenannten Deutschen Stücke und dem im Lande der Märchen und des Mythos, der Phantastik und der Apokalyptik angesiedelten Ritterdramen; der «Merlin» folgte ja unmittelbar auf den Realismus der Stücke bzw. Filme bzw. Erzählungen, die anhand einer Familiengeschichte die deutsche Geschichte im zwanzigsten Jahrhundert bis in die Zeit des Mauerbaus vorführen: «Dorothea Merz», «Die Reise nach Stettin», «Die Villa», «Auf dem Chimborazo» – wie gut erinnere ich mich an die Aufführung der Münchner Kammerspiele am 16.12.1976, an Maria Niklisch, Else Quecke, Claus Eberth, Helmut Stange unter der Regie von Harald Clemen. Fünf Jahre später sah ich dann an zwei Abenden hintereinander den «Merlin» wieder in den Kammerspielen in der Regie von Dieter Dorn mit dem wunder-, wunderbaren Peter Lühr und den anderen Starschauspielern dieser Bühne: Thomas Holtzmann, Gisela Stein, Lambert Hamel, Edgar Selge, Romuald Pekny.

Tankred Dorst erklärte einmal, er wolle gerne mehrere Menschen sein, und tatsächlich hat man bei der Lektüre der achtbändigen Werkausgabe den Eindruck, es mit einem ganzen Autorenkollektiv zu tun zu haben. Es kommt freilich beim genaueren Hinsehen dann doch der *eine* Dichter zum Vorschein, Merlin der Zauberer.

Der zweite Charakterzug des Werks, der sich aus Tankred Dorsts persönlicher Zurück-Haltung ergibt, ist das Fehlen von Rechthaberei, positiv ausgedrückt: seine poetische Gerechtigkeit. Die Fähigkeit zu ihrer Hervorbringung ist ja die eigentliche Tugend des Dramatikers, die aber in den Jahrzehnten, in denen Dorsts Stücke aufgeführt wurden, zur oft kritisierten Rarität geworden war. Zwischen den herrschenden Formen des Argumentations- und des Dokumentartheaters bewegt sich die Kunst des Dichters, den wir heute Abend bei uns haben, in großartiger Selbstverständlichkeit als ein aus den agierenden Personen sich entwickelndes *Spiel.* In dieser Hinsicht ist Dorsts Bemerkung zu verstehen, daß weniger der Autor sich einen Stoff suche als umgekehrt ein Stoff sich einen Autor wähle. Seine Stücke sind keine Brechtschen Parabelstücke, die dem Publikum die alleinseligmachende Lehre und Haltung beibringen wollen (wobei Brechts Größe vielleicht gerade darin besteht, daß der Theaterdichter dem Lehrstückeschreiber immer wieder in den Rücken fällt). Und sie sind – von der «Großen Schmährede an der Stadtmauer» von 1961 über den «Toller» von 1968, den Kotzebue-Mörder «Sand» von 1971, das Hamsunstück «Eiszeit» von 1973, bis zu den Fragmenten über D'Annunzio «Der verbotene Garten» von 1983 – keine Dokumentarstücke à la Peter Weiss, Heinar Kipphardt oder Rolf Hochhuth. Es soll nichts mit ihnen bewiesen werden. Der Zuschauer soll sich ein Bild machen und als mündiger Mensch urteilen.

Noch ein Wort zum Dorstschen «Ring». Ich habe ihn fünfmal gesehen, in jedem Jahr zwischen 2006 und 2010. Und ich habe auch die drei vorausgehenden Inszenierungen, die von Jürgen Flimm, Alfred Kirchner und Harry Kupfer je fünfmal gesehen (das ergibt allein 80 Bayreuther Festspielaufführungen). Die größte Tugend der Inszenierung Dorsts war wieder die größte Tugend Dorsts: Er hat sich als Regisseur nicht vorgedrängt. Nicht vor das Werk, nicht vor die ausführenden Künstler. Wieviel das wert ist, ermißt man, wenn man die derzeitigen Bayreuther Inszenierungen der «Meistersinger» oder des «Lohengrin» sieht oder an Schlingensiefs «Parsifal» denkt. Die Kritiker aber wollen – in unheimlichem Unisono – Opernregisseure im grellen Rampenlicht, nie dagewesene Einfälle und Deutungen. Natürlich bedeutet das Sich-Nicht-Vordrängen keine Absenz. Für mich jedenfalls war der Regisseur in jedem der Bilder dieser vier Abende präsent.

Ich will jetzt seiner Präsenz hier und heute nicht länger im Wege stehen.

Ein schönster Fall

Angela Krauß, 18. Oktober 2011

Das jüngste, in diesem Frühjahr erschienene Buch von Angela Krauß, die ich Ihnen, meine Damen und Herren, zu meiner größten Freude heute Abend präsentieren darf, heißt «Im schönsten Fall», und die Anwesenheit seiner Verfasserin ist in der nun schon stattlichen Reihe dieser Veranstaltungsart für mich wahrhaftig ein «schönster Fall». Wie alle Bücher der Dichterin ist auch dieses äußerlich schmal, innerlich unendlich weit, so weit wie das Weltall, das in ihm eine nicht unerhebliche Rolle spielt. Eine Gattungsbezeichnung unter dem Titel fehlt; die Bücher von Angela Krauß lassen sich nicht nach der von Literaturkritik und Literaturwissenschaft praktizierten Sortiermethode einordnen: hier der so oder so komponierte Roman mit nachvollziehbarer Handlung, dort die jeweils angemessene Analyse, hier das lyrische Gedicht, dort seine Interpretation, hier der Essay, dort die Ertragsbilanz etc. Auf solche Weise ist die Autorin nicht zu fassen. Dichtung gebe es ja gerade deshalb, schrieb sie mir einmal, weil das faßbare Leben nur eine blasse Nacherzählung dessen ist, was sich in uns ereignet.

Man trifft in den Büchern von Angela Krauß auf reine Beschreibungsprosa, narrative Elemente, fragmentarische Erzählstrukturen und leitmotivisch wiederkehrende Figuren. Im «Schönsten Fall» sind es die Bewohner eines «hohen elfenbeinfarbenen» Hauses «inmitten einer imposanten Architektur der Gründerzeit», unter dessen Dach die mit der Autorin nicht unbedingt identische Ich-Erzählerin lebt, «Nachbarn rechts und links, oben und unten», sie wechseln häufig, ein Parkplatz wird für Umzug-Speditionen freigehalten. Da gibt es eine Rechtsanwaltskanzlei, eine WG, da wohnt eine in ihr Kindheits-Viertel zurückgekehrte Madame Fleur in den einzigen noch originalen Räumen der Gründerzeit mit einer riesigen Sammlung von Schuhen, da geht Karel, der Geliebte der Erzählerin, ein und aus, aber auch Figuren aus ihrer Kindheit finden sich ein: die Mutter, Onkel und Tante Roch, und der immer korrekt gekleidete Mathematiklehrer aus der vor Ewigkeiten besuchten Schule.

Jener Herr tritt auf als der Stellvertreter von etwas Immateriellem auf Erden, nämlich der Zahlen. Also begegnet er der Halbwüchsigen als erster Anwalt des Berechenbaren, das sie seitdem in immer wieder neuen Gestalten bedrängt, zuletzt und am aufdringlichsten in der Maske eines Abgesandten aus der Gespensterwelt des Computers. Aber schon auf der ersten Seite ist die Rede von all dem, «was sich nicht berechnen ließ», der Liebe, dem Weltall, der Zukunft. Berechnen und Begreifen (in jenem wissenschaftlich exakten Sinn) fallen zusammen. Das Begriffene ist das zukunftlos Vergangene, das in eine Zahl verwandelte, auf eine Zahl reduzierte einmal lebendig Gewesene, das Tote.

Dem Mathematiklehrer ist Onkel Roch als Kontrastfigur zugeordnet. Er zeichnet für das Kind – «auf lachsrotem Millimeterpapier mit einem Winkelmesser aus Bakelit» ein Quadrat als «Grundfläche des Weltgebäudes». Das ist etwas zum Anschauen. Oder etwas das Schauen, das ja etwas anderes ist als ein Tohuwabohu von Sinneseindrücken, überhaupt erst Ermöglichendes. Der Blick von Berte, einer Frau aus der WG, die gelegentlich zu kurzen Besuchen nach oben zur Icherzählerin kommt, «hängt unüblich lange an den Dingen fest. So lange, als habe sie den Ernst des Schauens aus der Kindheit herübergerettet». «Wo das Anschauen aufhört», heißt es später einmal, «beginnt das Vorstellen, und am Ende des Vorstellens beginnt die Mathematik.» Es geht darum, sich von allem zu befreien, was unsere Wahrnehmung bevormundet, sie ins Schema von bilanzierter Erfahrung und planender Erwartung preßt. «Ich stamme aus dem letzten Jahrhundert der Dinge», lesen wir. «Ich bin handgreiflich und handschriftlich erzogen und aufgewachsen.»

Die Politik begegnet den nicht ohne weiteres in das Gewohnheitsschema einzuordnenden Ereignissen mit der Einberufung von Weltgipfeln. Der letzte, von dem das Buch berichtet, der zwölfte des Jahres, hat es mit dem Gerücht von einem auf die Erde zurasenden Festkörper zu tun. Während über die Frage, ob es sich bei dem Gerücht um eine Tatsache handle, abgestimmt wird, versucht eine zwischen die Scheiben eines der Doppelfenster geratene blaßviolette Taube vergeblich aufzufliegen. Daß die Sympathie der Erzählerin und damit auch die Sympathie ihrer Leser auf Seiten der Taube ist, versteht sich. Geistesgegenwärtige Hilfe täte Not statt Mehrheitsentscheidungen im Hinblick auf eine in den Griff zu nehmende Zukunft. Nur als unverfügte, als unverfügbare enthält die Zukunft unter tausend Möglichkeiten auch den schönsten Fall. Einer der vielen Sätze, die bei der Lektüre hängenbleiben, sich einprägen, heißt: «Ich bin auf alles gefaßt und auf nichts vorbereitet.»

Seien auch Sie, liebe Zuhörer, auf alles Mögliche – in diesem schönsten Fall selbstverständlich nur Erfreuliche – gefaßt. Damit Sie aber auch nicht ganz unvorbereitet sind, bekommen Sie noch ein paar nüchterne Daten an die Hand. Angela Krauß ist in Chemnitz geboren, lebt seit vielen Jahren in Leipzig, hat, wenn ich richtig gezählt habe, bis dato vierzehn Bücher veröffentlicht. Ihr Erstling, die Erzählung «Das Vergnügen», erschien 1984 im Aufbau-Verlag, also in der DDR. Ich beschaffte mir seinerzeit die westdeutsche Erstausgabe, die 1988 bei Suhrkamp herauskam. Die Bauchbinde, die den Band zierte, hatte mich neugierig gemacht. Sie verwies auf den in jenem Jahr der Autorin zuerkannten Ingeborg-Bachmann-Preis und erklärte zugleich das Engagement des westdeutschen Verlags. In Klagenfurt hatte sie aus einem damals noch unveröffentlichten Text gelesen, der 1990 unter dem Titel «Der Dienst» erschien. Vorher, im Epochenjahr 1989, waren, noch als Lizenzausgabe, die Erzählungen «Kleine Landschaft» herausgekommen, eine Auswahl aus dem im Aufbau-Verlag publizierten Band «Glashaus». Diese drei Bücher bewegen sich nicht nur zufällig im engsten Umkreis der sogenannten Wende; die untergehende und die untergegangene DDR mit ihren Menschen und deren Lebenswelt sowie ihrer Industrielandschaft spielt in ihnen eine wesentliche Rolle. Nicht alles, was damals der Fall gewesen war, gehörte auf den Abfallhaufen der individuellen wie der Gesellschafts-Geschichte. «Abfall war alles, was kürzlich noch der Fall gewesen war» lautet ein die pauschale Zustimmung zum sogenannten «Beitritt» einschränkender Satz in einem zwölf Jahre später erschienenen Buch. Erst sechs Jahre nach dem Mauerfall, fünf Jahre nach dem «Dienst» erschien, 126 Seiten stark, «Die Überfliegerin».

Darin finden sich Sätze, die als Erklärung für das Verstummen gelesen werden konnten. Ein zentraler Satz lautet: «Alle um mich herum handeln längst. Sie überholen mich alle.» Aus der «Überfliegerin», dem drei Jahre später erschienenen «Sommer auf dem Eis», den die Jahrtausendwende vorwegnehmenden «Milliarden neuer Sterne» von 1999, vor allem aber aus den zuletzt vorgelegten Bänden «Weggeküßt» (2002) und «Wie weiter» (2006) sowie dem «Schönsten Fall» erfährt man mehr über Verlust- und Trennungsschmerz, über Vorfreude und Hingabe an Unvorhersehbares, über die durch den Mauerfall ausgelöste Früher-Später-, Vorher-Nachher-Problematik als aus manchen Wende-Wälzern, die es inzwischen ja auch gibt. Ihr letztes Buch wurde von einigen Rezensenten mit Recht als Prosagedicht bezeichnet. Auch die Grenze zwischen der erzählenden und essayistischen Prosa ist fließend; ich denke an die Frankfurter Poetikvorlesungen von 2004.

In Shakespeares «Sturm» begegnen wir den Gegenfiguren

Caliban und Ariel. Caliban – die Verkörperung der Schwerkraft, dessen, was uns nach unten zieht. Ariel – der Geist der Phantasie, die diese Schwerkraft zu überwinden vermag. Jeder von uns schleppt einen Caliban mit sich herum, jeder kann aber auch seinen Ariel herbeirufen – kennt er nur das Zauberwort. Die wahren Dichter kennen es und verraten es uns. Sie verhelfen, wenigstens von Zeit zu Zeit, dem Ariel in uns zum Sieg über Caliban.

Angela Krauß zählt zu dieser raren Spezies der ihre Leser beflügelnden Dichter.

Einer von uns

Hans Maier, 14. Mai 2012

Ein illustrer Gast, der volle Saal bezeugt es, und mir müßte eigentlich die Stimme wegbleiben, der Atem stocken. Daß dies nicht der Fall ist, beruht nicht auf einer meiner, vielmehr einer *seiner* Eigenschaften: Hans Maier hat nichts Einschüchterndes an sich. Ich bin überzeugt, daß er auch auf seine Studenten im Gegensatz zu so vielen seiner Professoren-Kollegen nie einschüchternd gewirkt hat. Und ganz anders als manche Minister und sonstige Machtmenschen, denen ich mehr zufällig als absichtsvoll im Lauf einiger Jahrzehnte über den Weg lief, war auch der langjährige bayerische Kultusminister, mein in schwindelnder Höhe über meiner bescheidenen Lehrerexistenz angesiedelter oberster Dienstherr, sooft ich ihm begegnete, alles andere als von oben herab. Er schwebte nicht, man konnte immer auf Augenhöhe mit ihm sprechen. Somit fließt auch heute Abend mein Blut ganz ruhig in seinen Bahnen.

An keinem Ort der Welt würde ich den großen Hans Maier lieber treffen als genau hier, in der Katholischen Akademie in Bayern. Auf diesem Territorium sind wir beide zuhause. Natürlich nehme ich dieses «wir beide»«nur mit den Gänsefüßchen des höchsten Respekts in den Mund. Es geht im Folgenden trotzdem nicht ganz ohne meine eigene Person ab. Bei der Lektüre der voriges Jahr erschienenen Autobiographie war es gar nicht möglich, das Leser-Ich ganz zu unterdrücken. Die «bösen» und die «guten Jahre» waren ja weitgehend auch meine eigenen, oft in größter örtlicher Nähe erlebten. Und sowohl da, wo dieselben Vorgänge, Entwicklungen, Menschen ganz ähnlich, als auch vor allem da, wo sie ganz anders erfahren und empfunden wurden, hilft der in die Lektüre eingebrachte subjektive Anteil dem besseren Verstehen des anderen Ich, das autobiographisch zu einem spricht.

Mir fielen zwei gravierende Unterschiede auf. Ein zeitlicher und ein räumlicher. Ich bin lumpige vier Jahre jünger als der Autor von «Böse Jahre, gute Jahre» (und, nebenbei bemerkt, von weiteren etwa 600 Titeln). Aber diese vier Jahre haben in den höchst bewegten Zeiten, die uns als frühe Lebenszeit zugeteilt waren, ein weit über ihre Zahl hinausgehendes spezifisches Gewicht. Es ist, wie ich angesichts der die Kriegs- und frühe Nachkriegszeit betreffenden Kapitel feststellte, ein großer Unterschied, ob man 1945 vierzehn oder zehn, 1949 achtzehn oder vierzehn Jahre alt war. Obwohl Hans Maier sich und seine Generationsgenossen auf Seite 174 seines Buchs lieber als «Neunundvierziger» denn als «Fünfundvierziger» gekennzeichnet wissen will, habe ich die Anfänge der Bundesrepublik recht anders erfahren: nahezu als Selbstverständlichkeit, und Selbstverständlichkeiten nehmen für junge Menschen schnell die Farbe der Langeweile an. «Politikverdrossenheit – so etwas gab es in dieser Zeit noch nicht», schreibt Hans Maier. «Diese Zeit»: das sind seine letzten Gymnasialjahre. Bei mir und meinesgleichen reichte es dann nicht einmal zur «Verdrossenheit». Politik war einfach uninteressant. Demokratie war keine kostbare Errungenschaft mehr, sondern eine unanfechtbare Hinterlassenschaft der Amerikaner für die man ungefähr so dankbar zu sein hatte wie kurz zuvor für die tägliche Schulspeisung.

Und damit bin ich beim zweiten Unterschied, bei der Geographie. Der in Freiburg geborene und aufgewachsene Hans Maier stand unter der Strahlkraft des Sonnenkönigtums der französischen Besatzer, ich verbrachte in Regensburg meine frühe Jugend unter dem lässig-milden *military government* unserer amerikanischen Befreier. Die Milde wirkte sich auf mein Schülerdasein so aus, daß Maiers Amtsvorfahre Alois Hundhammer den Amerikanern die nahezu vollkommene Restauration des alten Humanistischen Gymnasiums, ohne auf allzu energischen Widerstand zu stoßen, abgewonnen hatte. Keine Spur folglich in Bayern von jenem «französischen Schulsystem mit seiner Disziplin und Strenge», von dem Hans Maiers Autobiographie berichtet. «Bei der Pädagogik hatte man», so liest man da, «französischer Gewohnheit folgend, die ‹Normalisierung› des Menschen im

Blick, das Abschleifen von Ecken und Kanten – ähnlich wie in der ‹Ecole normale›. ‹Sei doch vernünftig!› hieß jetzt die Parole – und nicht mehr feierlich ‹Werde, der du bist!› wie im deutschen Neuhumanismus.» Nun, bei uns galt dieses «Werde, der du bist» nach wie vor als ungebrochenes Bildungsmotto, auch dann, wenn es nicht beim Namen genannt wurde. Die Griechen hatten das Sagen. Obwohl der französische Humanismus in der Geschichte der Klassischen Philologie einen allerersten Platz einnimmt, ich denke an den von meinem geliebten Lehrer, dem großen Gräzisten Rudolf Pfeiffer bei jeder Gelegenheit gerühmten Jean Dorat, Johannes Aureatus, an seinen Freund, den Dichter Pierre de Ronsard, an Henri Etienne, Henricus Stephanus, nach dessen Ausgabe Platon heute noch auf der ganzen Welt zitiert wird und der den Gedanken einer *conformité*, einer Übereinstimmung von Griechisch und Französisch verfocht (nur als geborener Franzose sei man fähig, in den Geist der griechischen Sprache einzudringen), – trotz dieses philhellenischen Intermezzo hat die französische Philologie sich bald wieder dem rationalistischen Latein verschrieben und hat die berühmte *Querelle des anciens et modernes* im 18. Jahrhundert zum Sieg der Modernen geführt. Wir in Bayern waren nicht betroffen. Da hatte es Ludwig I. und Friedrich Thiersch gegeben. Jahrzehnte später war es mir und meinen landsmannschaftlichen Mit-Gräzisten, die wir zunehmend mit dem Rücken zur Wand für das Überleben des Griechischunterrichts kämpften, dann aber doch etwas unheimlich, daß der aus Baden stammende bayerische Kultusminister gegen die Vorherrschaft der Humboldtianer die Renaissance des Bildungskonzepts von Georg Kerschensteiner befürwortete und betrieb. Da er Gottseidank seinerseits am Freiburger Berthold-Gymnasium Griechisch gelernt hatte und außerdem viel zu gebildet war, um dem Humanistischen Gymnasium nicht einen respektablen Platz in einem reichgefächerten Bildungssystem einzuräumen, kam er unserem Philhellenismus nicht ernsthaft in die Quere.

Ich sprach von Unterschieden. Jetzt komme ich zu der zentralen Gemeinsamkeit: Es geht doch nichts, dachte ich mir wieder bei der Lektüre der Maierschen Lebensgeschichte, über eine veritable katholische Kindheit. Das Katholische ist beinahe ein Synonym für den Begriff des Verbindenden. Die frühmorgendliche Gemeinschaftsmesse in der Freiburger Mariahilf-Kapelle hatte, da bin ich mir sicher, eine ganz ähnliche Gestalt wie die Sechs-Uhr-Gemeinschaftsmesse in der Wolfgangskrypta von Sankt Emmeram in Regenburg, an der ich mit meinem Freund und Klassenkameraden Eberhard Dünninger, der einst zum Mitarbeiter des Kultusministers Maier aufsteigen sollte (ehe er Generaldirektor der bayerischen Bibliotheken wurde), regelmäßig teilnahm. Ich kann bezeugen, daß wir in den fünfziger Jahren, noch weit entfernt vom Konzil und der Liturgiereform der sechziger und siebziger Jahre, nicht *in der Messe*, sondern *die Messe* beteten und es an der «participatio actuosa», der «tätigen Teilnahme» schon damals nicht fehlen ließen. Was das Verbindende betrifft, geht der Blick noch weiter zurück: Das von einem eigens dafür abgeordneten Benefiziaten täglich zelebrierte Meßopfer in unserer kleinen Schloßkapelle im oberbayerischen Harmating, wo ich einen Teil meiner Kindheit verbrachte, unterschied sich nicht wesentlich von einem noch so feierlichen Hochamt im Freiburger Münster oder im Petersdom. Das Latein war überall dasselbe, und für den Ministranten war es die erste Begegnung mit dieser Sprache. Bis zum Orgelspiel brachte ich es freilich leider nicht. Das soll übrigens kein Plädoyer für die lateinische Messe sein; ich bin denkbar weit davon entfernt, Martin Mosebach Schützenhilfe zu leisten und in Paul VI. einen Tyrannen zu sehen. Der Verlust des Lateinischen war der Preis für viel Wichtigeres, und außerdem haben wir immer noch Mozarts Messen.

Es gibt ein zweites hervorstechendes gemeinsames Moment: die Liebe zur Literatur. Verehrter Herr Professor Maier, Sie sind in eine Veranstaltung geraten, in der es ausschließlich um Dichter und ihre Gesellen geht: Sigrid Damm, Inge Jens, Angela Krauß, Sibylle Lewitscharoff, Petra Morsbach, Dagmar Nick, Elazar Benyoëtz, Tankred Dorst, Thomas Hürlimann, Michael Krüger, Reiner Kunze, Claudio Magris, Uwe Timm waren bisher meine «Gäste» – lauter Literaten. Sie werden deshalb verstehen, daß ich mich in meiner Einführung fast ganz auf den Schriftsteller und Freund der Schriftsteller Hans Maier beschränke.

«Sie können schreiben!» Das an den Studenten, den Verfasser von Seminarprotokollen gerichtete, fast widerwillig gezischte Lob des großen Romanisten Hugo Friedrich empfanden Sie als Student wie einen Ritterschlag. Man könnte die drei Worte als Lektüre-Fazit unter die letzte Seite Ihrer Autobiographie setzen, ach nein, eigentlich unter alles, was man von Ihnen oft und oft zu lesen bekam (zuletzt noch in dem sozusagen alle Register ziehenden Sammelband Ihrer Glossen zu Orten, zur Literatur, Politik, Musik, Kunst und Religion «Reisen durch die Zeit».) Und wenn man mit dem Inhalt nicht immer einverstanden war, mußte man dem Autor doch in jedem Fall einen glänzenden Stil zugestehen. «Man» heißt natürlich «ich». Als Schreibender hat Hans Maier, wenn er nicht an der Orgel saß, begonnen: Seine erste Publikation erschien in japanischer Sprache; der Brief, den der Schüler an die in Japan lebende Schwester und ihren Mann über die Zerstörung Freiburgs und das Kriegsende schrieb, war so informativ und formvollendet, daß der Rektor der Jesuitenhochschule in Tokyo ihn als Broschüre drucken ließ. Bald schon finden wir ihren Verfasser als regelmäßigen Mitarbeiter von Zeitschriften und beim Jugendfunk des Südwestfunks (aus dieser Zeit stammt die Bekanntschaft mit Hans Magnus Enzensberger), dann als Zulieferer von Rezensionen und «Features» an das Nachtstudio in Baden-Baden; Horst Krüger (ich hoffe, man kennt den Namen noch) war hier einer der Tonangebenden.

In einer Radio-Revue des Bayerischen Rundfunks hat Hans Maier 1992 über seine «Begegnungen mit Schriftstellern 1944–1991» gesprochen, und das fand ich so interessant, daß ich mir das Manuskript kommen ließ. Ich habe es heute noch. In der Akademiezeitschrift «zur debatte» konnte man schon kurz vorher etwas über Maiers Erfahrungen mit Reinhold Schneider und Alfred Döblin nachlesen; in einer Veranstaltung «Autobiographie und Zeitgeschichte» hatte er ein einschlägiges Referat gehalten. Zum Teil finden sich diese Erinnerungen in der Autobiographie wieder. Zunächst, etwa in der Zeit bis zum Tod Reinhold Schneiders 1958, war Hans Maier, wie könnte es anders sein, in erster Linie ein Nehmender: außer den beiden genannten Dichtern waren es (unter vielen anderen) Elisabeth Langgässer, Werner Bergengruen, Marie Luise Kaschnitz, von denen der Schüler und Student prägende Eindrücke empfing. Dann kam eine mittlere Periode, wo der Professor und Minister zugleich Kollege von Autoren wie Heinrich Böll, Martin Walser, Golo Mann, Hermann Lenz (wieder unter vielen anderen) war – wie diese seit 1976 auch als ordentliches Mitglied der Deutschen Akademie für Sprache und Dichtung. Schließlich und da überschneiden sich die Zeiträume – war Hans Maier immer wieder anderen Schriftstellern gegenüber ein Gebender. Hier fallen mir Marieluise Fleißer, der er den Bayerischen Verdienstorden verschaffte, Reiner Kunze, dem er half, bei seiner Übersiedlung in die Bundesrepublik Wurzel zu fassen (soweit ein Dichter überhaupt irgendwo Wurzel fassen kann) und Horst Bienek ein, den er bei der Vorbereitung einer der Begegnung deutscher Schriftsteller mit osteuropäischen Exilautoren gewidmeten Tagung in der Bayerischen Akademie der Schönen Künste maßgeblich unterstützte. Ja, Hans Maier gehört zu uns. Und deswegen ist er heute Abend hier und hat jetzt das Wort.

Schmerz, Erbarmen, Komik

Arnold Stadler, 16. Oktober 2012

«Wo Es war, soll Ich werden», sagt Sigmund Freud. Martin Heidegger spricht in «Sein und Zeit» von der Diktatur des «Man». «Jeder ist der Andere, und Keiner er selbst.» Auch in dieser Feststellung verbirgt sich ein Imperativ. Arnold Stadler scheint ihm mit dem Titel seiner ersten Prosaveröffentlichung von 1989 – er war damals immerhin schon 35 Jahre alt – zu folgen. Aus dem «Es war einmal» unserer Märchen wird hier ein «Ich war einmal». Aber dann liest man auf der vierten Seite: «Die Erinnerung wird zum Ichfall». Die deutsche Grammatik kennt vier, die lateinische sechs

Fälle, durch die ein Substantiv dekliniert werden kann. Bei Stadler steht die Erinnerung nicht mehr im Nominativ, sondern im «Ichfall»: es ist eine durch den Ichfall gebeugte Erinnerung. Das klingt nicht nach erfolgreicher Kulturarbeit, Trockenlegung der Zuydersee. Auch nicht nach Entschlossenheit zur Überwindung des «Man» im Hinblick auf ein eigentliches Selbst-sein-können.

Auch auf dem Gebiet der Tempora bietet die Grammatik der Stadlerschen Sprache eine Erweiterung. Zur üblichen zweiten Vergangenheit, dem Plusquamperfekt (wir hatten geglaubt, gehofft, geliebt) und zum zweiten Futur, dem Futur exakt, (wir werden gestorben sein, vergessen haben, vergessen worden sein) kommt eine *zweite Gegenwart;* es ist wiederum die Erinnerung. So ergibt sich: Die durch den Ichfall gebeugte Erinnerung fungiert als zweites Präsens.

In Stadlers «Ichfall» ist auch das «Fallen» enthalten. Der selbstsichere aufrechte Gang ist dieses literarischen Ichs Sache nicht. Während Heideggers «Man» das «In-der-Weltsein in seiner Durchschnittlichkeit besorgt», Selbstverwirklichung sich also in der Erhebung über diese Durchschnittlichkeit ereignet, unterscheiden sich die Stadlerschen Protagonisten, ob sie namenlos bleiben oder Engelbert Hotz oder anagrammatisch zu ihrem Autor Roland heißen, von der Masse der Jedermänner durch ihr Zukurzgekommensein. Sie sind Helden der Unterdurchschnittlichkeit (auch ganz äußerlich: Engelbert bringt es nicht über 1,59 m Körpergröße). Wir bekommen es mit Menschen zu tun, die ihr Leben nicht in den Griff kriegen, gewissermaßen vom Willen zur Ohnmacht beherrscht sind und deren «In-der-Weltsein» darin besteht, daß sie mit zehn Jahren noch immer in die Hose machen. Martin Walser spricht im Zusammenhang mit Stadlers autobiographischem Schreiben von «Selbstbezichtigungsvirtuosität». Andererseits kommen diese literarischen Doppelgänger des Autors in einer wesentlichen Hinsicht Heideggers Daseinsanalyse bestürzend nahe: «Das Man», lautet ein kursiv gedruckter Satz in «Sein und Zeit» «läßt den Mut zur Angst vor dem Tode nicht aufkommen». Den Stadlerschen Alter Egos kann man diesen Mut der Angst vor dem Tod nicht absprechen. Der Tod als die «*eigenste* Möglichkeit des Daseins» steht ihnen von früher Jugend an vor Augen, sie sind, auch ohne daß sie die Schönheit zu sehen bekommen hätten, dem Tode schon immer anheimgegeben.

Eine Schlüsselstelle in Stadlers drittem Roman «Mein Hund, meine Sau, mein Leben» berichtet vom Tod der drei Lebensgefährten des Kindes: Sein Hund Caro wird von einem Auto überfahren, bald darauf die Katze Gigi. «Caro hatte ich nach einer Woche noch einmal sehen wollen. Wir spielten damals heilige Messe und Requiem. Eine feierliche Exhumierung an der Stelle, wo wir ihn begraben hatten ... Es war nichts mehr da von ihm. Vielleicht etwas Braunes, Graues, Dunkles, Weißliches, Stoff- oder Sackreste. Alles fiel auseinander, von der Schaufel herunter, nichts war mehr da [...]. Bei Gigi verzichtete ich auf diesen Versuch eines Wiedersehens.» Nach Caro und Gigi wird das Ferkel Frederic der liebste Freund des Zehnjährigen, «ein dritter Versuch». Arnold Stadler wächst auf einem Bauernhof in dem Dorf Rast bei Meßkirch auf (zur Biotopographie komme ich noch). Die Ferien verbringt er bei einem Metzger-Onkel im nahen Schwackenreute. Eines Tages tischt man ihm eine Suppe auf, in der geplatzte schwarze Würste schwimmen. Zu Hause findet er keinen Frederic mehr vor. «Damals muß ich den Verstand verloren haben, denn unmittelbar darauf begann ich zu dichten. So begann es mit der Schriftstellerei …»

Erinnerung – zweite Gegenwart. Ihr griechischer Name lautet Mnemosyne. Mnemosyne ist die Mutter der Musen. In der Genealogie der Poetik unseres Dichters hat diese Mutter ihrerseits eine Mutter, und die heißt Schmerz.

Schmerz sei kein literarisches Kriterium, belehrte mich der Leiter einer Diskussion über die von einem jungen Teilnehmer an einem Autorentreffen vorgelesenen Gedichte, die mir nahegegangen waren, weil sie einem von Schmerz imprägnierten Lebensgefühl eigenständigen Ausdruck gegeben hatten. Der Kritiker hatte vielleicht recht. Schmerz läßt sich nicht messen. Und er haust auch da, wo Sprache fehlt. Dennoch existiert zwischen Literatur und Schmerz eine enge Allianz. «Ein glückliches Leben muß keine Sprache finden.» Diesen Satz aus Arnold Stadlers Dankrede zur Verleihung des Marie-Luise-Kaschnitz-Preises habe ich mir gemerkt. Ich war am 22. November 1998 dabei, als Stadler in Tutzing, ein Jahr vor dem Büchner-Preis, die von der Evangelischen Akademie vergebene Auszeichnung erhielt. Marie Luise Kaschnitz muß ja wohl evangelisch gewesen sein. Aber nicht nur der Preisträger, auch sein damaliger Laudator Martin Walser lassen sich ohne den katholischen Hintergrund ihrer Herkunft nicht denken. Wir sind heute abend schon am rechten Ort.

Denn «Kunst und Sinnen hat Schmerzen/gekostet von Anbeginn», heißt es in einem späten Hölderlin-Gedicht. Ich habe mir beizeiten angewöhnt, Dichtung nach ihrem Schmerzgehalt zu beurteilen. Und da bin ich bei Arnold Stadler in überreichem Maße fündig geworden: angefangen mit der Erinnerungstrilogie «Ich war einmal», «Feuerland»,

«Mein Hund, meine Sau, mein Leben», dann in den in so rascher Folge, daß ich mit dem Lesen kaum mitkommen konnte, bis heute erschienenen Romanen «Der Tod und ich, wir zwei», «Ein hinreißender Schrotthändler», «Sehnsucht», «Eines Tages, vielleicht auch nachts», «Komm, gehen wir», «Ausflug nach Afrika», «Salvatore», «Einmal auf der Welt. Und dann so», schließlich den im letzten Jahr publizierten «Geschichten aus dem Zweistromland» mit dem Obertitel «New York machen wir das nächste Mal». Es wäre freilich völlig falsch, wenn man diesen hohen Schmerzgehalt mit einfarbiger Düsternis assoziieren würde. Es herrscht keineswegs die Nacht, in der alle Kühe grau sind. Schon deswegen nicht, weil im «Hinterland des Schmerzes», das in Stadlers Büchern eine zentrale Rolle spielt, auch dann, wenn sie anderswo spielen, das berühmte braunscheckige Meßkircher Höhenfleckvieh zuhause ist, zuhause *war* – bis die «schwarze Kuh» aus dem Norden sie gegen den Widerstand des Viehhändlers Heidegger und selbst gegen den Machtspruch des berühmtesten Sohnes der Stadt, seines philosophischen Vetters in Freiburg, verdrängte und damit den *Fleckviehgau*, wie die Gegend, in der Arnold Stadler aufwuchs, hieß, namenlos machte – auch wenn sie immer noch so heißen sollte.

«Im Grunde war alles nachhause geschrieben, in das Nebelland», liest man am Ende der «Engelsbrücke», der «römischen Betrachtungen» von Marie Luise Kaschnitz, und das gilt, nach eigener Aussage, auch fur das Werk Arnold Stadlers. Er ist in Meßkirch geboren, also im Herzen «Mesopotamiens», des Zweistromlands zwischen Donau und Rhein.

«Meßkirch – ein Marktflecken auf dem Hochplateau der oberen Donau; karges, weites Land mit Wegen und Pfaden durch Mulden über Hänge, Hügel mit Eichen hinauf, sonnige Waldblößen entlang. [...] Der Menschenschlag ist schwäbisch: zäh, zielbewußt und bei aller Verschlossenheit weltschlau. Die begabteren Kinder kommen hier auf die Schulen und nach weiterer Auslese in die Priesterseminare unten am Bodensee, wie einst Conrad Gröber und Heidegger zu den Jesuiten in Konstanz.» Ich zitiere aus dem Essay des französischen Germanisten Robert Minder über «Heidegger und Hebel oder die Sprache von Meßkirch». Der fünfzehnjährige Gymnasiast Arnold Stadler nimmt im Jahre 1969 an der Feier von Heideggers achtzigstem Geburtstag in der Meßkircher Stadthalle teil. In der Begrüßungsrede wird auch der Titel «Die Sprache von Meßkirch» erwähnt. «Die Meßkircher», heißt es in «Ich war einmal», «hörten den Namen Meßkirch jedesmal wieder neu. Stolz vernahmen sie, daß Meßkirch schon im Titel eines ganzen Buches erschienen war. [...] Daß der Redner über dieses Buch beinahe schimpfte, zählte nicht weiter.» Ein schönes Beispiel für die nahezu unbegrenzte Vereinnahmungskapazität von verschworenen Gemeinschaften. Denn tatsächlich ist der Mindersche Aufsatz eine vernichtende Kritik an Heideggers Sprache und ihrem Herkunftsort, die folglich auch alles mehr oder weniger mitvernichtet, was dieser Weltwinkel an weltlichen und geistlichen Stimmen hervorgebracht hat, ob es sich um den «mediokren Weber-, Schubert- und Mendelssohn-Epigonen» Conradin Kreutzer, den Freiburger Erzbischof Conrad Gröber (der, nehme ich an, seinen mit C geschriebenen Vornamen dem Komponisten verdankt) oder den «Schollendichter» Anton Gabele handelt. Etwas besser, aber auch nicht gut kommt der aus dem nahen Kreenheinstetten, dem Heimatort des «promovierten Träumers», der den Ich-Erzähler im Roman «Ein hinreißender Schrotthändler» abgibt, stammende zweieinhalb Jahrhunderte ältere Ulrich Megerle alias Abraham a Santa Clara weg, mit seinen «dahinpolternden Volkspredigten», «eine Art billiger Jakob der bayrischen Jahrmärkte». Alle Genannten bevölkern auch Stadlers Bücher. Heidegger ist geradezu allgegenwärtig. Die Verbohrtheit von dessen Heimatverbundenheit, die Verklärung des dumpfen Landlebens als heiler Welt dient Stadler als Kontrastfolie zur keineswegs nostalgischen Zeichnung seiner Herkunftsverhältnisse. Aber er ist kein «Abrechnungsvirtuose» wie Thomas Bernhard, kein gnadenloser Polemiker wie Minder oder Adorno. Seine Sprache kennt den Gestus des Erbarmens mit den meisten Menschen, die in seinen Geschichten auftreten; sie teilen mit dem Ich-Erzähler mindestens den Status von «armen Schweinen». Ich denke insbesondere an Franz Sales Obernosterer, den römischen Titularbischof, der sich des in Rom Theologie studierenden jungen Meßkirchers annimmt, und an «Onkel Henry» in der Erzählung «Der Tod und ich, wir zwei».

Mit dem Erbarmen verbindet sich fast in jedem Fall das Element einer umwerfenden Komik. Diese Komik hat nichts Versöhnliches wie der Humor; zuviel gehört ins Bild, das keine Versöhnung zuläßt, aber sie schafft Distanz, bewahrt vor Haß.

Und dann gibt es noch, jenseits davon, Arnold Stadler den Liebenden. Seine Liebe gilt Dichterinnen wie Marie Luise Kaschnitz, deren Tagebücher er mit einem Nachwort versehen, wie Elisabeth Borchers, deren Gedichte er herausgegeben hat. Diese Liebeskraft adoptiert Meister oder läßt sich von ihnen adoptieren. Es sind halbe oder ganze Heilige. Den beiden halben hat er jeweils ein ganzes Buch gewidmet: Adalbert Stifter und – eben erschienen – dem Maler Jakob Bräckle. Der ganze Heilige figuriert in einem wunderbaren

Essay: Reinhold Schneider. Mit Bräckle begibt sich Stadler auf den Weg nach Winterreute, einem kleinen Ort in Oberschwaben. Damit fügt Stadler ein weiteres Kapitel zu dem *einen* Buch, an dem er seit «Ich war einmal» schreibt. Wie Bräckle kein Heimatmaler ist, wenn er sein neunzig Jahre währendes Leben (er starb 1987) in dem untergehenden und inzwischen untergegangenen Landstrich verbrachte, dem er in tausend Bildern eine zweite Gegenwart verlieh, so wenig ist Arnold Stadler ein Heimatdichter, wenn er in seinen Büchern immer wieder in das Land zwischen Donau und Bodensee zurückkehrt. Provinz gibt es nicht, sondern nur Welt, lautet ein Leitmotiv in dem Buch über den Maler. Jakob Bräckle ist ein Weltmaler, und Arnold Stadler ist ein Weltdichter.

Inhalt